JN098540

人に言ったら「無理だよ」と
笑われてしまいそうな
夢があった。
本当にぼんやりとだけれど。

ひとつひとつ、目の前の“楽しい”を
自分にやらせてあげていたら、
見える景色が少しずつ変わっていった。

そしてぼんやりと
していた理想が、
はっきりくっきりしてきた
気がする。

見たことのない世界に
足を踏み入れるのは怖いけど、
ずっとこのまま、ここにはいられないよね。
あなたはもう、気づいている。
「新しい世界に行きたい」
と思っていること。
さあ、一緒に
“憧れの世界”へ
続く道を進もう！

「憧れの世界」を自分のものにする7ステップ

ワークライフスタイリスト
宮本佳実 著

Yoshimi Miyamoto

日本文芸社

はじめに

こんにちは、宮本佳実です。

高卒・キャリアなしだった私が会社員を経て28歳でパーソナルスタイリスト（個人向けスタイリスト）として起業してから、今年で11年。

現在は2つの会社を持ち、ワークライフスタイリストとして女性の新しい働き方・生き方を提案することを仕事にしています。

“可愛いまま（今の自分のまま）で起業できる”“好きなことを好きなときに好きな場所で好きなだけ”をコンセプトに、SNSや10冊以上の著作を通じ、自分自身が納得する生き方を叶える方法を楽しみながら発信してきました。

私は何か秀でた才能があったとか、すごい人脈があったとか、実家がお金持ちだったとか……そういったうまくいきそうなオプションは、昔から何も持ち合わせていませんでした。

言ってしまえば、“THE 普通”。

会社員時代は満員電車の中で
「もうこんな生活から抜け出したい」
と毎朝思い、お給料日にお金が入ってきても、カードの支払いが月給以上の金額で焦る……そんな日々を送っていました。

会社のデスクのパソコンを眺めながら、
「もっと私にしかできない、毎日ワクワクできる仕事はないのかな」
「雑誌に出てくる人みたいに、おしゃれな服やバッグを好きなだけ買えるようになるにはどうしたらいいんだろう」
そんなことを、毎日ぼーっと考えていたことを思い出します。

けれどそんなふうに、「お金がない」「やりたいことをやれていない」「欲しいものが手に入れられない」、とないものだらけだった時代を経て、今では、

「欲しいものはちゃんと用意されている♡」
「やりたいことだけをやれている♡」
「豊かさがどんどん広がっている♡」
と思えるようになり、大きく人生が変わりました。
大袈裟に言っているわけではなく、本当にガラリと変わったのです。

この本を執筆するにあたり、“人生を変えた秘訣”をとことん掘り下げた結果、それは

【未来設定力×行動×マインド】

の３つであることがわかりました。
このうちのどれかひとつではなく、３つをバランスよく、そして心地よく活用することができたとき、誰もが“夢に描いたような現実”を次々に叶え、憧れの世界の住人になれるのだと私は確信しています。

だから今回はその秘密を、気持ちが上がる“言葉“たちと一緒に皆さんにお届けしたいと思います！

ぜひ、お気に入りのノートとペンをそばに置いて読み進めてみてください。

ノートに自分の本当の気持ちや願い、憧れをのびのびと綴っていくうち、きっとどんどん未来が楽しみになるはずです。

そしてこの先も、思い立ったときにはいつでも気軽にこの本のページを開いてみてください。
そのときのあなたにピッタリのメッセージが、目に飛び込んでくると思います。

さあ、生きたい未来のステージを見定めて、軽やかにいきましょう！
この本を閉じるとき「私にもできそう♡」とあなたに思っていただけることを心から願って。

宮本　佳実

CONTENTS

STEP 1
世界で一番大事な“私”のことをもっと知る

STEP 2
我慢をやめて身軽になる!!

STEP 3
憧れを“未来の予定”にして射止める準備をする

CONTENTS

STEP 4
軽やかに一歩、踏み出してみる

STEP 5
愛されて周りの力を借りられる私になる

STEP 6

運を味方につけてミラクル体質になる

CONTENTS

STEP 7

壁を超える力を持ち合わせる

STEP 1

世界で一番大事な“私”のことをもっと知る

Yoshimi's
QUOTATION

I

「理由はないけど、
なんか好き♡」が
私の未来をつくる。

「今が不満だから人生を変えたい！」
「もっと私らしく、楽しく生きたい！」
そんなふうに考えている方は多いはず。私も「もっと私にしかできないことをして、毎日楽しく、ワクワク生きていたいのに……」と長い間、もどかしさを感じて過ごしていました。

でも、そのためにどうしたらいいのかなんて、わからなくて。
そして自分がどうしたいのかさえ、わからなくなっていて。

「ここから抜け出して、どこに行きたいの？」
その問いに答えられない限り、今いる場所から抜け出したところで、きっとまた道に迷ってしまう……。
それがなんとなくわかっていたから、今に不満を感じていながらも、なかなか動き出すことができなかったのです。

そんな**私の人生が動き始めたのは、自分の“好きなもの”“ワクワクすること”にしっかりと向き合うようにしてから。**自分は何に心を揺さぶられるのか、そしてどんなときに幸せを感じるのか。それを徹底的に見つめるようにしてから、毎日が変わっていったのです。
自分の“好き”を知るためには、そういう意識で毎日を過ご

すことがとっても大事。自分の感情が、少しでも動くことってなんだろう？　そんなふうに注意深く自分を観察していくことから、憧れの世界を手に入れるためのストーリーが動き出します。

見ているとワクワクするものやときめくもの、聞いているだけで心が躍る話……。
そんな「理由はないけど、なんか好き」が、あなたの未来をつくる、とっておきのヒントになるのです。

私自身は、ドラマの主人公の働き方や生き方、好きなモデルさんのライフスタイルが、「私の好きな世界ってどんなもの？」という問いに答えをくれるツールでした。大好きな作品を見ているだけでときめいて、ウキウキして、「私もこんなふうになれたらいいなぁ」とうっとりするのが日課だったのです。

多くの人はそんな憧れのシチュエーションを見たとしても、自分とは無縁のことだと思って「羨ましいけど、所詮私には関係のない話だよね」で終わらせてしまうかもしれません。でも、その世界を何度見ても飽きないし、すごく憧れる♡

と感じるなら、それを自分の“理想の未来＝やりたいこと”にしてしまっていいんです！ 私がかつてそうだったように。

「自分には無理！」
「そんなの夢みたいな話……」

そんなふうに思ってしまうのも無理はないかもしれません。
私もたくさんの人に「年収1000万円になりたい」「本を出して新しい働き方や生き方を多くの人に伝える存在になりたい」と言ったら笑われたし、「甘いこと言っているんじゃない」と叱られたりもしました。
でも、現実は……今、私は、あの日、憧れて自分の理想として決めた通りの世界を生きています。

だから、**今、憧れていること、いいなと思うことがあるならば、自分の気持ちを無視しないでほしい。**
だってそれはあなたの未来になる可能性があるのだから。

こっそりでいい。ノートに「こうなる♡」を書き留めて、憧れの世界を自分のものにするための準備を始めよう！

Yoshimi's
QUOTATION

2

私って
本当はどうしたいの？

STEP 1
世界で一番大事な“私”のことをもっと知る

私はいつも、ことあるごとに
「私は本当はどうしたいんだっけ？」と
自分に問いかけてきました。

そうしないと、ついつい無難にうまくいきそうなこと、人に褒められそうなこと、世間に認められそうなことを選んでしまいそうになるから。
だから、常に「本当は私、どうしたいんだっけ？」と問いかけて、自分から出た答えをノートに書き留めるようにしています。

「これをやると売れそうだけど、本当にやりたいのはこっち」
「こうした方が無難だけど、でも本当はこうしたい」
「みんなこのレストランに行くけど、私はあのカフェの気分」
こんなふうにどんな些細なことでも“自分に問いかける”ことをクセづけるようになってから、自分がどうしたいか？の答えがすぐに出てくるようになりました。

よく読者の方から、「何をしたいのかわからない」「やりたいことがわからない」「好きなことがわからない」というお声をいただきます。

その原因は、自分が自分の声をちゃんと聞いてあげていないから。そんな単純なことだったりします。
日常の中のこうしたほうがいいこと、やらなきゃいけないことに、自分の本当にやりたいことがかき消されていっているのです。
だから、意識的に自分の本音を聞いてあげてほしいのです。
ぜひ、「私はどうしたい？」と自分に尋ねることを１日１回から始めてみてください。答えは小さなことでいいのです。
ノートを新しくしたい、ゆっくりドラマを観たい。そういうちょっとしたことから、「将来こうしたい」という大きな夢まで、自由に思い浮かべます。
そして、その答えをノートに書き留めておきましょう。

最初は、なかなか思いつかないかもしれません。
「自分のやりたいことが、全然思い浮かばない……」と、思っていた以上に自分をわかっていないことに落胆してしまう場面もあるかもしれません。
でも、大丈夫です。そんなときは「今は、思いつかないんだね。だったら、もっともっと私の声を聞いてあげよう」と、違う角度から自分に質問をしていきましょう。

「何をしているときが、心が落ち着く？」
「何を考えている時間が好き？」
「何を見ていると心が躍る？」
そんな、**自分に向けた小さな質問の答えの中に、本当にやりたいことのヒントが隠されているかもしれません。**だからやりたいことが思い浮かばなくても自分を責めたりせず、優しく寄り添いながら、問いかけ続けてあげましょう。

私自身も、今でも迷うときがあります。そんなときは、「どんな自分でありたい？」「毎日をどんな気分で過ごしたい？」「どんな声をかけてもらえたら嬉しい？」「何をしているときが一番楽しいんだっけ？」と丁寧に、細かく自分に問いかけてあげるようにするんです。
こうして**出てきた答えをノートにひとつひとつ書いていくと、自分の本当の思いがどんどんクリアになっていきます。**

やらなきゃいけないこと、責任などは横に置いておいて、自分の「やりたいこと」を考えることに集中する。この時間をしっかりとることが、未来を変えるための鍵となります。

Yoshimi's
QUOTATION

3

「なんとなくイヤ」を
クリアにしたとき、
未来が見える。

好きなこと、楽しいこと、やりたいことと聞かれてもピンとこない方は、イヤなこと、嫌いなこと、やりたくないことならどうでしょう。

「これをやるの、しんどいな」「これが自分の毎日からなくなったら、もっと楽しいはず」ということならわかるのではないでしょうか。

実は、**嫌いなこと、イヤなこと、やりたくないことの裏側には、自分の"好きなこと""楽しいこと""やりたいこと"が隠されている**んです。
だから、「これがイヤ」という気持ちが浮かんできたということは、同時に自分が本当にやりたいことが見えてきたということ……といっても過言ではありません。

「現状がすごく不安……だけど、どうしたいのかわからない」
「すんごくモンモンしてる、でもここからどうやって抜け出せばいいの？」
こんなふうに、なんとなくイヤなのは確かだけど、でも何をしたいかわからないし、抜け出すための方法も見つからない。
ただ毎日、「なんだか気持ちが晴れないな」と思いながら生

3

きている……。そういう方は、現状をしっかりと見て“どれの何がイヤなのか”を突きとめるようにしてみてください。

例えば、一口に「仕事がイヤ」といっても、同僚との競争やギスギスした人間関係、上司からの圧力に疲弊しているのかもしれないし、満員電車に乗ること、会社が遠いこと、通勤時間が早いこと、残業があること、ランチタイムに外食ができないことなどで日々ストレスが溜まっているのかもしれない。あるいは書類の整理や電話応対が苦痛なのかもしれないし、そもそも仕事の内容が合っていないのかもしれません。

「イヤ」という言葉ひとつとっても、その中身は本当に細かく分かれているもの。何を心地よくないと思うのかは人それぞれだし、タイミング、時期によってもイヤなこと、やめたいことは変わってきますよね。

だから**まずは現状にしっかりとスポットライトを当てて、自分が何をイヤだと感じているのか、やめたいと思っているのか、認識することから始めましょう。**
なんとなくモンモンする、なんとなく不満……と漠然と思っているだけでは、一向にそこから抜け出すことができません。

STEP 1
世界で一番大事な“私”のことをもっと知る

まず取り組むべきは“イヤなこと”の中身を自分自身がきちんと理解すること。「会社がイヤ」という大きな括りではなくて、そのどの部分が心地よくないのかをしっかりと明確にしていきましょう！

そのための大きな力になってくれるのが書き出すという行為。
現状でイヤだと思っていることを自由にノートに綴ってみると、自分の本音がわかり、気持ちが整理されてくると思います。

そしてイヤだなと思っていることの中身を認識したら、「これをやめよう」「これを手放そう」と決める。
“イヤなことはやめられる”という選択肢を自分の中に持っておくだけでも、心がグッと軽くなります。

そうしたら今度は次の段階へ。今、自分の中にある“イヤなこと”をどうすれば手放し、気持ちを軽くできるのか、具体的なアイディアを探していきましょう。

例 1)

満員電車に乗って通勤するのが本当にイヤ！

→自転車で会社に行けるなら、こんなに嬉しいことはない!!

例 2)

毎日献立を考えるのが憂鬱……。

→誰かが献立を決めて、食材も揃えてくれたら一気にストレスがなくなる!!

こんなふうに、**イヤなことがどう変化したら、自分の毎日がもっと楽しくて不満のないものになるのか、具体的な方法を考えていくのです。**

そうすると、例 1 の場合であれば会社の近くに引っ越すとか、家から近い会社に転職するとか、いろいろな解決策が見えてきます。

毎日のことなので、「仕方がない」とあきらめるのではなく、本気で向き合って考えていくことが大事！

毎日 1 時間、不満いっぱいのモンモンとした時間を過ごすのって本当にもったいないことです。1 年で単純計算して 360 時間、10 年だったら 3600 時間、つまり 150 日分、心地よくない時間を過ごすことになってしまいます。
時間は有限で、毎日1時間だってあなたの大切な人生の一部。だから「ちょっとぐらい我慢すればいい」とないがしろにするのではなく、「どうやったらもっと私を幸せにできるかな？」ということを軸に、しっかりとその方法を考えていきましょう。

例2に関しても、例えば私も活用していますが、献立のキットを送ってくれるサービスを利用したり、家事代行サービスにお願いしたりするなど、いろいろな方法が考えられます。

毎日を心地よく過ごすことで、目の前の現実はどんどん素敵なものに変わっていきます。だから自分のために、**少しでも気持ちよく過ごせるようなアイディアを、妥協せず考えていってあげてほしいのです。**

イヤなことがどうなったら、心が軽くなるか考える。
そして、それを実現するための具体的なアイディアも、どんどん出していく。そんなふうに自分の“モンモン”から本音を導き出すことができたら、自分にとって最高に優しい世界に大きく近づくことができるのです。

Yoshimi's QUOTATION

4

自分の機嫌は
自分でとる。

みなさんは知っていますか？
自分の出しているエネルギーが、自分の未来をつくっている
ということを。

自分から出ているエネルギーとは、
・言動
・行動
・思考
・感情
の４つです。

これらの自分の出したエネルギーが、自分の未来をつくり出しているんです。

だから、**ネガティブでいつも不機嫌でいたら、そういう未来がつくり上げられていくし、いつも幸せでご機嫌でいたら、そういう未来が現実になっていきます。**

自分の機嫌は、人や環境に左右されるものだと思っている人は多いですよね。
でも、それってすごくもったいない。

4

自分の出すエネルギーが誰かに左右されるということはすなわち、自分の未来を、他人や周りの環境など、自分以外のものに任せてしまっているということ!! そんなの、おかしい!
大切な自分の未来だもん。自分で責任を持って、思い通りのものにしていきましょう。

そのためには、**自分から出すエネルギーに常に意識を向けて、自分のご機嫌は自分でとっていく。**

おいしいお菓子を食べる?
気の合う友だちに会う?
ゆっくりお風呂に入る?
大好きなアーティストの曲を聴く?
そんな **"私を幸せにするための方法" をストックしておき、日常的に細かく細かく自分のことをもてなしてあげましょう。**

現実をつくるのはあなたのエネルギー。**自分で自分のご機嫌をとることができるようになると、たちまち人生にミラクルが激増**します。自分をたっぷり喜ばせて、嬉しいことひとつひとつに感謝して、よいエネルギーを自ら出していきましょう♡

自分のエネルギーが未来をつくり出す！

〈自分から出ている4つのエネルギー〉

言動　行動
思考　感情

Yoshimi's
QUOTATION

5

さあ、
今すぐ私の
“憧れの世界”を
つくろう。

好きなお菓子、好きな映画、好きなバッグ、好きなマグカップ、好きな待ち受け画面……。
身の回りにあるものすべてを、なんとなくではなく、自分の"好き"で選ぶようにする。
そうすると、自分の世界が"大好き"でいっぱいになります。

今の自分の世界が、心地よくない、なんだかしっくりこない、イライラすることばかり……と思うときこそ、身の回りのものを、なんとなくではなく、"好き"で揃えてみてください。

今日食べるお菓子、会社で使うペン、バッグの中のハンカチ、スマホケース……。
本当に小さなものからでいいので、自分が「いいな♡」と思うものを、少しずつ揃えていく。
そうすると**自分の世界がどんどん"自分色"に染まっていって、自分の"大好き"でできていきます。**

また、憧れの世界を生きている自分をイメージして、その持ちもの、ファッション、ヘアスタイルなどを真似してみるのも効果的。未来の"理想の自分"を先取りすれば、現実が後から付いてきて、気付いたときには憧れていた自分になっているはず。

Yoshimi's
QUOTATION

6

ノートは
私のことを
もっと知るための
必需品。

私は短い日記を手帳に書いたり、ノートに今の自分の思考や感情を綴ったりすることを習慣にしています。

今自分は何を考え、何を思っているのか。
こういうことって、意識していないと、日常の中でどんどん流されていってしまうから。

「自分のことが一番わからない」とよく言いますが、自分のことがわかると、途端に人生ってうまく回り始めます。
なぜなら、自分がどうしたいか、何を感じたいかがわかれば、それを目印に、自分がオーナーとなって人生を進めていけるようになるから。

この本を書くにあたり、周りにいる人たちに「私が夢を叶えられた理由ってなんだと思う？」と聞いてみたのですが、多くの人が「自分を客観視できていること」と言ってくれました。

自分という人間は、何が好きで、何が嫌いなのか。
何を考えて、何をしているときにご機嫌でいられるのか。
何が得意で、何が不得意なのか。

6

それを客観的にいつもチェックして、そのどれをも、過小評価も過大評価もせず、ただただ冷静な目で見る。その積み重ねが、私が好きなことをして生きられるようになった秘訣かなと思います。

私が自分を客観視できるようになったのは、日々の“ノート時間”を通して自分と向き合っていたことが大きな理由です。

ノートは私にとって大切な相棒。思いつくまま、感じたまま、欲求のまま遠慮なく、そのときの感情や考えていることを書き連ねています。嬉しいときや心踊るときはもちろん、辛いとき、悩んだとき、もがいているときも、ノートに向き合い、自分の思いを書き出しているのです。

だから私のノートは頭の中をそのままメモしているような感じ。書いているうちにぐるぐるとしていた考えが整理されて、自分のことがどんどんわかってきます。「あー、私はこういうことは得意だし楽しいからいくらでもできるけど、こっち方面のことは腰が重いんだよなぁ」と自己分析できるようになります。

こうして**自分を第三者の視点で見られるようになると、「私がもっともっと心地よくなる生き方・働き方ってどんなものかな？」ということを追求できるようになる**のです。

自分のことが客観的にわかるようになったら、それをもとに、自分にとって一番しっくりくる方法を探していく。**決してできないことを自分に無理強いするでもなく、苦手なことがあることについて卑下するでもなく、「私ってこんな人なんだ」というのを捉えたうえで、そんな自分が一番喜ぶためにできることを考えていく**のです。

毎日書けなくても、ほんの短いものでもかまいません。
隙間時間にはお気に入りの手帳やノートを開いて、今の自分の気持ちや理想を自由に書いてみてください。
あなたの本音が詰まったノートはきっと、「私は本当はどうしたい？」の答えをくれるはずだから。

Yoshimi's
QUOTATION

7

私が“私”の
一番の味方。

自己肯定感を高める。
そんな言葉を最近よく耳にするようになりました。
「自己肯定感を上げるにはどうしたらいいですか？」
私のもとにも、たくさんの方がそんなご質問をくださいます。
過去を振り返ってみると、私はもともと自己肯定感が高い方だったのかも？と感じます。
私は勉強も外見も人並みで、運動に至っては人並み以下。
特に自分にすごく自信があるとか、何か人より自慢できることがあったとか、そういうことも特になかったのだけれど、それでも「私は大丈夫！」と幼いころからなんとなく思っていました。

人より秀でているものが特にない私が、どうして自己肯定感を高く保てていたのかというと、両親の私への接し方にその答えがあると感じています。

「どんなときも味方だからね～」
「佳実はすごい子だなって、お母さん、思ってるんだよ」
過去を思い出してみると、両親からはいつもそんなふうに声をかけられていたのです。
だから、小学生くらいまでは、「私、すごい子なのかも？」

なんて本気で思っていたような気がします（笑）。
もちろん、中学生、高校生になり「いや、別にすごくないな。どちらかというと、普通にも満たないことのほうが多いな」ということには気づくのですが、それでも根拠のない“大丈夫”が私の中に残りました。

「どんな選択をしたとしても、どんな失敗をしたとしても味方はいる。根拠はないけど、私は私を信じてる」
そんな揺るぎない自信が私の中に根づいているのは、両親が常に私を肯定し、信じ続けてくれていたから。両親が私のことを思ってくれていたように、いつのまにか自分も自分のことを信じられるようになっていたのだと思います。

何かに失敗したときも、人よりできなかったときも（クラスで一番テストの点数が低かったこともありました……）、親から責められることはなかったのです。
父と母はどんな私も許し、受け入れてくれた。そして、これから私がどうしたいのかを聞き、私が「がんばりたい」と思うならそれにつき合ってくれました。
両親は、学歴やキャリアが自分たちになかったから、「もっともっと」と思うより、私や妹を見て「こんなにできて、本当にうちの子ー⁉」と、小さな“できた”にいつも驚き、喜んでいたそうです。
だから、私も自分にそうしてあげるようにしています。
自分を信じ、どんな自分も許して受け入れる。自分がどうしたいのかを聞き、否定せず寄り添ってあげる。そして、できたことがあれば盛大に褒めて、できないことがあっても「大丈夫！」と励ます。常にそんなことを心がけています。

自己肯定感を上げる最大のコツは“自分を許すこと”だと私は思っています。
無条件に自分を許し、愛してあげる。それこそが、何があっても揺らがない“自分を受け入れる心”につながるのだと思うのです。

私の一番の味方は“私”。どんな私も愛される、許される、と確信できたとき、私たちは、本当の自分を受け入れ、この人生を思いっきり楽しむことができるのです。

さあ、本当の私をもっと信じてあげよう。許してあげよう。
受け入れよう。愛そう。
そうすれば、私はもっと強くなれる。

Yoshimi's
QUOTATION

8

"今"の私を全部許し、
認めてあげる。

先日、私のオフィスに一通のお手紙が届きました。差出人は数年前の受講生さんでした。
彼女は家事、育児をする中でうつ病になってしまい、何年も布団から出られない生活を送っていました。そんな中、私の著書を読んでくれたことで嘘のように元気になり、外出できるようになったことから、受講生となってくださったのです。
そして講座を卒業してからも、旦那様や娘さんを連れてたびたび講演会に来てくれていました。

いただいた手紙は旅行先からのもので「便箋がなくホテルのメモ帳に書いた」と、白いメモ用紙４枚にびっしりと文字が詰まっていました。
そこには、「昔はあんなにマイナス思考だった私が、佳実さんの考えに触れたことで、このコロナ禍に一度も『消えてしまいたい』『誰にも見られたくない』と思わなかった。そのことに感動して、どうしてもお礼を言いたくて、便箋もなかったけど、手紙を書いている」という彼女の想いが綴られていました。
「そんなこと、たいしたことじゃないと思われるかもしれませんが、私にとっては本当にすごいことで」というその方の言葉に、私の胸は熱くなりました。

8

私はカウンセラーではないし、心理学を学んだわけでもありません。
だから、うつを治す方法や、過去を癒やしてトラウマを消す方法など、専門的なことは私にはわかりません。
彼女が最初に読んでくれた本も『可愛いままで年収1000万円』という、好きなことでの起業について書いた本です。

私が普段本に書いていたり、講座でみなさんに伝えたりしているのは、ありのままの自分を許し、認める方法。
そして、自分自身に好きなこと、やりたいことをやらせてあげることの大切さです。

自分自身を否定している状態から、急に自分のことを愛したり、大好きな状態へと変えたりするのは、難しいかもしれません。

でも“自分を許す”ならどうでしょう。

どんな自分にも、「いいよ」「大丈夫だよ」「無理しないでね」「応援してる」「わかっているよ」……そんな声をかけながら、寄り添ってあげる。

そして、本当にやりたいことを丁寧に聞いて、ひとつずつやらせてあげる。
そんなふうに、**どんな自分も許し、包み込んであげる。それを繰り返していくうちに、自分のことが愛おしくなり、力がどんどん湧いてくる**のです。そしてときには、かつて自分を苦しめた過去すらも意味を持ち始めます。

手紙を書いてくれた彼女も言っていました。
「今を楽しむことができるようになったら、今度は過去の私と同じように苦しんでいる人を助けたい、話を聞いて元気づけたいと思えるようになりました。だから今では、うつ病を経験してよかったと思っています」と。

そう、私たちは、**自分を愛し、今を慈(いつく)しむことで、辛かった、忘れたいような過去をも、愛おしく思うことができる**のです。

だから、難しいことは置いておいて、まずは、徹底的に自分の味方をしてあげる。自分に「やりたいことは何？」と聞いて、ひとつずつ、やらせてあげる。
ただそれだけで、未来も過去も180度変わっていくのです。

Yoshimi's
QUOTATION

9

私の人生、
こんなもんじゃない。

「人生とはこんなもの」。そんなふうに、あきらめに近い感情を持っていた時期がありました。
押しつぶされそうな満員電車に揺られて職場に向かう“さわやか”とはほど遠い朝、節約しているつもりなのに、欲しいものを買う前にいつの間にか消えてしまうお給料……。

基本ポジティブ思考の私でも、OL時代はなんだかいつも不満ばかり。思い通りにいかない生活の中で、なかなか幸せを感じることができませんでした。
でも、「人生ってこんなもの」って思っていました。誰もがみんな、憂鬱な毎日の中で我慢してやりくりする。そう教わってきたし、それが生きるということだと、信じて疑わなかったから。

でもそんなふうに毎日モンモンと過ごしながらも、私はずっと心の深いところで、もっと自由に、もっと自分らしく生きられる人生を望んでいたのです。
「もっと特別な自分になりたい」
「もっととんでもない夢を叶えたい」
満員電車の中ではいつも、そんな夢を抱きながら、“憧れの自分”を妄想していたことを思い出します。

9

そして、「やっぱり、本当に好きなことを仕事にしたい」という思いで、ファッションに関する仕事での起業に踏み切ったのが28歳のとき。昔から洋服が大好きで、ファッション誌が教科書だった私にはぴったりの仕事だと思ったのです。

そんなふうに“好き”を仕事にしてからです。私の人生が大きく変わったのは。

フリーランスとなり、全てを自分で選択する環境となった中で、**私は目の前にあるほとんどのものを「私が好きかな？」「私がワクワクするかな？」という基準で選ぶようになっていきました。それによってどんどん仕事も人生も「私らしくて、心地いい♡」と思えるものに変わっていった**のです。
我慢ばかりしていた日々から一転、本当に、びっくりするくらい人生が好転していきました。

もちろん、最初からうまくできたわけではありません。「これ、気が進まないけどやっといた方が得かも」「なんかピンとこないけど、受けておいたほうがよさそうだな」などと、条件で仕事を選別して後悔することも多々ありました。

でも、そうやって打算的に選んだものって、結局うまくいかないことが多くて。そんなトライアンドエラーを繰り返しながら、徐々に“自分にしっくりくることだけを取り入れる”というスタイルができ上がり、やがて憧れていた世界を自分のものにすることができたのです。

20代が低迷期だとしたら、30代は本当に、それまでは想像もできなかった、とんでもなく素敵な10年間を過ごすことができました。それを叶えてくれたのは、“好き”で生きるのだという覚悟、そして**「私の人生、こんなもんじゃない」**という思い。**根拠なんてなくても徹底的に自分の幸せな未来を信じ続けていたことが、私をここまで連れてきてくれた**のだと思っています。

10代、20代、私の人生はパッとしなかったし、人生ってこんなもんだよねって思っていました。**でもやっぱり私は、新しい景色を、新しい世界を見たかった。未来を変えたかった。**そしてほんのちょっぴり勇気を出して、自分を“本当の好きを探す旅”に出してあげたからこそ、憧れの世界で生きることができるようになったのです。

Yoshimi's
QUOTATION

10

誰かを納得させる
生き方じゃなくて、
自分が納得できる
生き方をする。

突然ですが、皆さんは輪廻転生を信じていますか？　人の魂は何度も生まれ変わるという考え方は、今では広く受け入れられていますよね。私も特殊な能力のある方に、前世を見てもらったりします。臨死体験をして死後の世界に行ったことがある方とお話した経験もあります。

こういう方々とお話をして思うのは、“人生は魂の旅行”なんだなということ。**自分の魂を喜ばせるという使命を持って、期間限定で地球に遊びに来ている**のだな、と感じるのです。

だからこそ、何度生まれ変わるのだとしても、この人生の中で、とことん自分の魂を震わせたい。自分に生まれてきたことの幸せを思いっきり噛み締めたい。そう思うのです。
次の人生で思いっきり楽しむのもいいけれど、次の人生ではこの私、宮本佳実ではないから。

だから**宮本佳実でもっとこの人生を味わい尽くしたいし、誰かや世間が決めたフォーマット通りの人生じゃなくて、私が決めたオーダーメイドの人生を歩みたい**のです。

私の人生は、いい大学に行き、いい会社へ就職し、結婚し、

家族をつくる……という、世間でよく言う“幸せになれる人生”とは、ちょっとずれたものになったかもしれません。
でも、これが私の人生！　すっごく楽しい‼　って、自分ですごく納得できています。

だから皆さんもどうか、**誰かが納得する生き方、働き方じゃなくて、自分自身が納得する生き方、働き方を。**
そうすることで、どんどん“本当の自分”に戻っていきます。

そして好きなこと、心地よいことを追求すればするほど、
“苦手”や“イヤ”を我慢できなくなるんです。

私は、自分の心地よさを追求するあまり、心地よくないことも敏感に感じてしまい、結構大変です（笑）。
自分にわがままに、正直に、自分の好きなこと、心地よいことをしているから、「これは苦手」「これはイヤ」もめっちゃある（笑）‼

それ、生活に支障あるんじゃ？って思いますよね。
でも大丈夫。**自分のやりたいことに突き進む勇気を手にしたとき、人は同時に、苦手なこと・イヤだと感じることを手放**

す力を持つことができるから。

自分の好きなこと、心地いいことを見極めていくときには、この“手放し力”が本当に重要。「自分のまま生きていく♡」と覚悟を決めると、この力は自然に上達します。
逆に手放すということをしていかないと、好きなこと、心地いいことが深まっていきません。手に抱えているものが多すぎて、すべてにエネルギーを注ぐことになり、好きも苦手も、みんな一緒くたになってしまうから。

“好き”“心地よい”“苦手”“嫌い”をしっかりと見極めて、しっくりこないものは手放していく。そうすることで私らしさはどんどん深まって、色濃くなっていくのです。
それを繰り返していると、本当に選択に困らなくなります。だって答えは全部、自分の心の中にあるから。

自分の「こうしたい」というシンプルな気持ちに素直に、ストイックに。それ以外のことは考えなくていいのです。

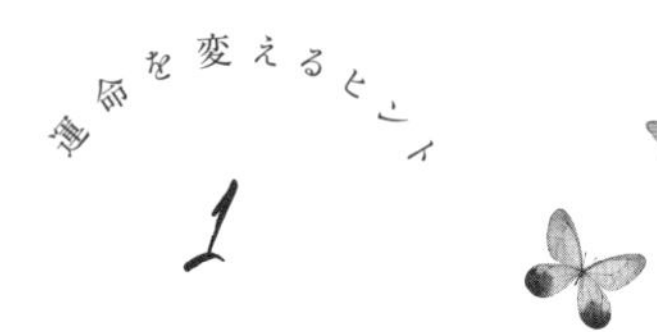

「これいいな♡」「羨ましいな♡」が“憧れの世界”のヒントになる

私の憧れの世界は本やドラマ、映画の中に詰まっていました。いつもお話ししていますが、『SEX AND THE CITY』のキャリーが私のロールモデル。こんなおしゃれな働き方・生き方ができたらどんなにいいだろうと思いながら、何度も作品を見返しました。モデルの梨花さんのスタイルブックも繰り返し読んだ1冊。今はSNSやYouTubeもあって、「取り入れたいな♡」と思うヒントをくれるツールはたくさん。そのヒントをもとに、ぜひ、自分の憧れの世界像を思い描きましょう。

『SEX AND THE CITY』は全シリーズDVDで持っている大好きな作品！　自分に置き換えて妄想するうち、いつのまにか主人公のキャリーのワークライフスタイルを実現できていました。梨花さんの本も、「いいな♡」の宝庫で繰り返し読みました。

STEP 2

我慢をやめて身軽になる!!

Yoshimi's
QUOTATION

I

未来のために
“今”を犠牲にしない。

STEP 2
我慢をやめて身軽になる!!

「我慢していたら、いつかは報われる」そんなふうに思って、日々不満を抱えながら生きているという方は多いのではないでしょうか。

でも「我慢していたら、いつか報われる」とずっと思い続けていたら、その我慢はいつまで経っても終わらず、「いつになったら報われるの？」と延々、耐え続ける……なんてことにもなりかねません。

だから、**今日から“我慢”を少しずつ手放していきませんか？**

今、あなたが我慢していることはなんでしょう。まずは思いのままに、次のようにノートに書き出してみてください。

・自分の好きな派手な服を着ると浮くから、仕方なく地味な格好をしている。
・ママだからやりたいことを我慢しなければ。
・一人っ子はわがままだと思われやすいから、そう思われないように自分の本音は抑えなければいけない。
・自分の希望を押し通すと親に迷惑がかかるから、言う通りにしよう。

I

・がんばってこの仕事に就いたのだから、辛くても続けなければいけない。

こうやって書き出してみることで、知らぬ間に我慢という鎖にがんじがらめになっていたことに気づくかもしれません。自分が我慢していたことを認識することができたら、次にこれをノートの上でひとつずつ手放していきます。

・自分の好きな洋服着ていいよね。
・ママだってやりたいことやっていい。
・わがままもときには可愛い。
・がんばって就いた仕事でも、辞めるっていう選択肢もあるのかも。

こんなふうに**まずは、ノートの中で我慢から解放されることを許していく。そして、できそうなことから現実の世界で実際に手放していく。**そうすると次のように、どんどん身軽になって生き生きとした自分になっていくはずです。

・人の目を気にせず好きな洋服を着て楽しむようにしたら、心穏やかでいられるようになって、子どもも嬉しそう。

・ママでも飛行機に乗って行きたいところへ行くようにしたら、すごく世界が広がって、家でも毎日ご機嫌でいられるように。
・どんなに心がすり減っても、理不尽な思いをしても、がんばって手に入れた仕事は続けなきゃと思っていたけれど、思い切ってパートに切り替え。空いた時間に好きなことで副業を始めて、毎日本当にハッピーに！

これらは実際に読者の方々からいただいた声ですが、**こんなふうに、自分に何かを強制することをやめると、それまで見えなかった世界が見えるようになる**のです。

私たちは成長する過程で「○○しちゃダメだよ」とたくさん言われてきました。
だから、大人になってからも、これをしてはダメ、あれをしてはダメ、と自分に我慢を強いている……ということがよくあります。

受講生さんの中に、「両親から、誰かに頼ろうなんて思っちゃダメ、人に馬鹿にされないように生きなきゃダメ……など、たくさんの“○○しちゃダメ”を言われてきました。だからその言いつけを守るために、一人でなんでもがんばって、誰にも頼らないように耐えてきたし、馬鹿にされないようにとテレビやゲーム、漫画も我慢してきました。本当は全部大好きなのに！」という方がいました。その方は自分の人生がずっとつまらなく、苦しいものだったそうです。

我慢するのがあたりまえになってしまうと、「幸せ」「楽しい」とこまめに感じられるような毎日とは程遠くなってしまいます。そして、「こんなに我慢しているのに、なんでうまくいかないの？」「私は好きなことができないのに、なんであの人たちは楽しそうなの？」とイライラすることが多くなります。

そう、我慢は、報われる報われないの話ではなく、あなたを不満や怒りのエネルギーでいっぱいにしてしまう危険性があるのです!!

だからこそ自分を苦しめる呪縛から、あなた自身を解放してあげてほしいのです。今、何か「○○してはいけない」と我慢していることがあるのなら、それをノートに書き出して横線で消し、「○○していいよ」に書き換えてみてください。

まずはノートの中で、自分を我慢から解き放ってあげるのです。

このワークをした方々が言われるのは、「我慢をしていたことにすら気づいていなかった」ということ。“我慢をすることがあたりまえ”という考え方が小さなころから染み付いていると、何かに耐えることで生まれる不快な感情すら、自分の中で自然なものになってしまうんです。
だから、自分が自分らしく生きられていないことに、なんとなくしか気づけなくて「理由はわからないけどなんだかモンモンする……」という毎日が続いていくことになります。
自分が何かに耐えていることを、自分でちゃんと認識してあげる。
そして、勇気を持ってそれを捨て去ってほしいのです！

我慢という名の鎖が一本一本解けていくと、何をするにも身軽で楽しくなり、あなたはもっと自由に次のステージへと上がっていけるはずです。
「我慢をすればいつか報われる」と、未来のために、今を犠牲にするのはおしまい。
大切な“今”を思いっきり生きるために、自分を苦しめる鎖を断ち切って飛び立とう。

Yoshimi's
QUOTATION

2

もう、一人で
がんばらなくてもいい。
誰かに
頼っていい。

あるとき、こんなことを話してくれた講座生さんがいらっしゃいました。

「私は長女で、両親からはずっと『しっかりしなさい』と言われて育ってきたから、男の人に頼ったり、甘えたりすることができなかった。会社員を辞めたいと思っていたけれど、結局何年も実行には移せなくて　　。やっと辞める決断ができたのは、夫に頼ってはいけないというプレッシャーを手放せたからだと思います」

こんなふうに、人に頼ってはいけない、自力でなんとかしなければ……、と自分を追い込んでいる方も多いかもしれません。
でも、**ときには人に頼ってみていいんです。甘えてみていいんです。**

「これ苦手なんだ。お願いできないかな？　教えてもらえないかな？」
「本当はこうしたいと思っているの。どうしたらいいと思う？」
そうやって人に聞いてみるだけで、たくさんの人が自分の味方になってくれることがあります。
逆の立場で考えてみてください。誰かから、前のページのような言葉を言われたら、あなたも嬉しくないですか？
人に頼られたり、自分を信じて何かをお願いされたりするのって、純粋に嬉しいものです。

なのに、「人に頼ってはいけない……」って矛盾していますよね（笑）。

なかなか人に頼ることができなかった私の友人の女性。彼女はとても頭がよく優秀で、それゆえに学生時代から「わからない」「できない」と言うことができなかったと言います。

でもあるとき、もっと人に頼ってみてもいいのかも……と思い、「ここがわからないんだ」「これ教えてもらっていいかな」と聞くようになったら、みんながすごく優しくしてくれたそう。悩んでいた人間関係がどんどんよくなっていき、「なんでもっと早く、みんなに弱いところを見せて頼らなかったんだろう、と思った」と話してくれました。「なんだか、みんながライバルに見えていたけど、本当はみんな、こんなに優しかったんだって気づけた」と。

STEP 2

我慢をやめて身軽になる!!

思いきって自分の弱いところを見せて、人に頼ってみる。
そうすることで、味方がたくさん増えたというお声は本当によく聞きます。

人はみんな、誰かの力になりたいと思っているもの。だから頼ることが上手な人は、愛され上手でもあります。
「これをあなたにお願いしたいの」「あなたの力を貸してほしい」
そんなことを素直に言えて、さらにしてもらったことに思いっきり感謝できる人は、同性からも異性からも好かれます。

さあ、肩の力を抜いて、もっと素直になって、
周りの人に甘えちゃおう。

Yoshimi's
QUOTATION

3

お給料は
ガマン料じゃない。

ある受講生さんは会社員でいることに向いていない自分を感じながらも「働き方はこれしかない」と、長い間我慢していました。
一度、勇気を出して会社を辞めてみたものの、やっぱり「組織に属さないで食べていけるのだろうか、生活できるのだろうか」と不安が募る毎日。「やっぱり私には無理だ！　そんな才能も度胸もないもん」と会社員に戻り、また感情を押し殺しながら毎日を過ごしていたそうです。
でも、そんな中でも全てをあきらめたわけではなく、
・自分の感情を注意深く観察し、寄り添う
・空いている時間に“好きなこと”で副業をする
ということを、徹底的に続けていました。

そうしていくうちに、彼女は「やっぱりこの環境にいることに違和感がある」という自分の気持ちに嘘がつけなくなってきたそうです。そのタイミングで副業も軌道に乗ってきたので、正式に会社員を卒業し、自分の好きなペースで働ける仕事一本で活動することに。

そして今は、毎日楽しく、まさにルルルルー♪ な日々を過ごしているそうです。

3

その方は、私が以前本の中に書いた「お給料はガマン料じゃない」という言葉が、本当に好きだと言ってくださいました。
そうです。**お給料って決してガマン料じゃない**んです。
我慢してもらうのがお給料、と思ってしまうと、1日の大半の時間を我慢に当てることになってしまいます。

自分から出したエネルギーがお金という形で返ってくるのは確かな事実。でもそれは、我慢したり、無理をしたりして出すエネルギーでなくていいのです。好きなことでワクワクと楽しく出すエネルギーでも、お金はちゃんと入ってきます。大きなエネルギーを出すほど、入ってくるお金も大きくなります。
お給料を我慢したことの対価だと考えてしまうと、誰だってイヤなことはしたくないから、エネルギーを出し惜しみしてしまいますよね。そうするとお金も小さな循環の中でしか動かず、満足できる分を手にすることができない……ということになってしまうのです。

だからこそ、**我慢をエネルギーにするのではなく、自分の「楽しい！」や「夢中になれる！」をお金に換えていくことを始めましょう。**楽しくて仕方がないことを仕事にすればいくらでもエネルギーを出したくなるので、循環も大きくなり、結果的に“お金”というエネルギーがたくさん入ってくるようになります。

私はこの仕事をいくらやっていても飽きることがありません。つくづく、今仕事にしていることが趣味なのだなぁと思います。「好きなことでお金を稼ぐのなんて、私には無理だよね」と思っていたOL時代にはなかった感覚です。**仕事は自分を苦しめるものではなく、“人生を楽しむためのツール”。そう考えながら行動すると、豊かさも自由もどんどん増えていきます。**

その一歩は、まず自分が抱えている“我慢”を認識し、ちょっとずつ手放すことから。「やりたくなくてもしなきゃ」がなくなると、毎日は本当に楽しくなるし、自分が身軽になっていきます。そうすると軽やかに次のステージに進めるようになって、理想が次々と叶い出します。

私たちはみんな、可愛くて、カッコイイ存在。自分の理想の世界で生きるための強さを、ちゃんと持ち合わせています。P.28にも書いた要領で少しずつ行動していきましょう。誰かのためじゃなくて、自分のために。

Yoshimi's
QUOTATION

4

失敗はデータ。
そして
結果ではなく、
過程です。

なぜ行動できないのですか？　と尋ねたとき、「失敗するのが怖いから」と答える方は本当に多いです。
もちろん、誰だって失敗するのはイヤですよね。でも、**失敗って単なるデータ**なんです。そして、失敗をデータにしてまたやり直すことで、その失敗は結果ではなく過程になっていく。
目の前の"好き"を選んで一歩一歩進んでいけば、一時的に失敗に見えるようなことがあったとしても、「それがあったから今がある」と思えることばかりになります。失敗したことは貴重な自分の過去になり、やがては財産となるのです。

私が今、こうやって毎日発信したり、本を何冊も書けたりするのも、たくさんのトライアンドエラーがあったから。リリースしたサービスが思うように売れない、たくさんのお金をかけて作ったサイトがうまく稼働しない。もちろんそんな失敗もたくさんしてきましたが、だからこそ自分にどんなものが合うかもわかるし、人にアドバイスもできるようになったのです。

さあ、失敗を味方にして、もっと私を輝かせよう。

Yoshimi's
QUOTATION

5

できないことは、
できないままでいい。

私はオンラインのセミナーをたくさん開催していますが、いまだにZoomのアカウントが取れません。
また、最近では通常のメール、チャットワーク、メッセンジャー、スラックなどなどたくさんの連絡ツールでいろいろなプロジェクトが回っているので見そびれてしまうことも多く、今年、会計事務所さんへの確定申告のエントリーの期限に気づいたのは、締め切りの2週間後でした。

もう、そんなこんなで事務仕事、細かい仕事が壊滅的に苦手。会社員のころは、そこそこできていたとは思うのですが、今はできることに集中してエネルギーを出しているからか、苦手なことがますます苦手になってしまいました。

締め切りが遅れてしまうなど困ることもあるのですが、こんなふうに、**できないことがあるところも含めて自分だと思っているので、そこを責めることもなく、「これが私」と許しています。**
(もちろん、直さないといけないところは直しますが……)

今回の確定申告も、発覚してから数日後にイレギュラー対応していただき、ことなきを得たのですが、遅れていることに気づいたときも、一瞬「うわーー」と慌てたものの、「まあでも、すぐに対応してくださる税理士さんをネットで探せばいいか」とかなり冷静でした。

こんなふうに私自身が自分のできないことを「できない」と認めているので、それを助けてくれる仲間が周りにはたくさん。みんなそれぞれ自分の強みを生かしながら、私のビジネスをサポートしてくれています。本当に私にとっては神さまのような人たちです。

そんな彼女たちも、私の得意なこと（文章を書いたり、コンテンツを作ったり、ビジネスを立ち上げたりすること）は、苦手だったり、好きじゃなかったりするので、その点を「すごいですね！」と言ってくれます。

そう、**苦手なことを自分で認めると、人の得意なことに心から感謝できるようになるし、自分の“得意”も輝き出すのです。**

できないこと、苦手なことを無理にがんばってやっていると、イライラするし、苦しいし、周りに楽しそうな人がいると、「なんで私はこんなにしんどい思いをしているのにあの人はのびのびしているの⁉」と頭にきてしまったりもしますよね。

でも、自分が自分の“苦手”を認め、それを手放すと、得意なこと、好きなことで生き生きしている人を「いいね、いいね！」と心から応援できるし、自分ももっとそうしようと思えるようになるのです。

好きなこと、得意なことは、みんな違います。
だから思う存分、**自分の“好き”や“得意”に集中すればいい。苦手なこと、できないことは人に譲って大丈夫**なのです。
私も自分がやろうとすると苦しくなることは、たくさん手放して、人に譲ってきました。
そうしたら「これやりたかった！」と言ってくれる人が周りにたくさん集まってきてくれるようになって、今は「こんな楽しいことをして、お金も稼げて幸せすぎる！」とみんなで言い合っています。

それぞれが、それぞれの好きなこと、得意なことを。
そうすれば、みんなが優しい気持ちでいられるのです。

Yoshimi's
QUOTATION

6

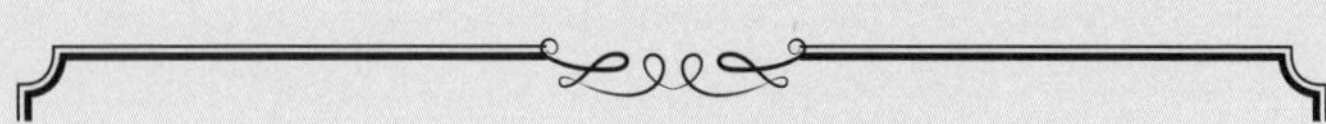

自分のダメなところを
認めると、
自分にも人にも
優しくなれる。

本当の意味で自己肯定感の高い人は、いつもご機嫌で、そして誰に対しても優しい人だなと感じます。
自分の出した結果や成果だけを頼りに「私はすごい！」と自己肯定感を高めることを習慣にしてしまうと、それがなくなったときに、また「自分はダメだ」と思ってしまう。
成果も結果も、そして世間の評価も移り気です。だからそれらを基準にしていては、自己肯定感ではなく“他己肯定感”になってしまいます。
先にも書きましたが、自己肯定感を本当の意味で高めるには、どんな自分も許す、認める、受け入れるということが欠かせません。
自分のすべてを許して、認めて、受け入れている人は、他の人のことも、許して、認めて、受け入れています。
昔、私が自分に厳しかった時期は、やっぱり人にも厳しかったんですよね。直接きついことを言うわけではないけれど、心の中で相手にダメ出しをしているような感じでした。
でも**自分にとことん優しくするようになったら、いつのまにか人にもすごく優しい気持ちを持てるようになって……極上に優しくて甘い世界を生きられるようになっていた**のです。
だからまずは、どんな自分も「大丈夫だよ」と受け入れることから始めてみてくださいね。

愛おしいものたちで
大切な自分の日常を満たそう

身の回りのものは、妥協せずとことん自分のお気に入りで固めるようにしています。部屋のインテリア、家具、バッグの中身、デスクの上のステーショナリー……。大きなものから小さなものまで、すべて自分の心が「ウキッ♡」とするかどうかを基準に選択。ときには自分仕様にカスタマイズすることもあります。“好き”“愛おしい”と思えるものに囲まれる毎日を過ごしていると、自分の人生をちゃんと生きているという感覚になるのです。

インテリアは基本的に白で統一し、ピンクを挿し色に。真っ白な空間が目に飛び込んでくると、朝から気持ちが高まります。自分の身を置く環境に“好き”を集めると、より毎日が楽しくなります。

STEP 3

憧れを
“未来の予定”にして
射止める準備をする

Yoshimi's
QUOTATION

I

新月の日は
「こうなったら最高♡」
をノートに
詰め込んで。

私が次々と理想を叶えられるようになったのは、「好きなことで起業する」と決心し、フリーランスとして仕事を始めてからでした。

起業当初からやっていたことといえば“新月のお願いごと”を書くこと。この月1回、新月の日にお願いごとを書くというマイルールを、今でもずっと継続しています。
もちろん自分の思っていることを整理するためにもノートは日常的に活用していますが、新月の日は特別。この日に自分のやりたいこと、叶えたいことを改めて考えて書き出すことで、自分自身の棚卸しになるのです。

新月のお願いごとは10個書くといいといわれています。
夢とかやりたいことって、1個や2個はすぐに出てくると思うのですが、10個となるとなかなか難しいですよね。でも考え続けることで「私、何がしたいんだっけ」の答えがどんどん出てくるようになります。
「やりたいことが見つかりません」「好きなことがありません」という悩みをよく相談されますが、それは日ごろ、自分自身に問いかけていないからである可能性がすごく高いです。
だから夢ややりたいことと言われてもピンとこない。

そうすると現実が"やりたいこと"で満たされることはなく、反対に"やりたくなくてもやらなきゃいけないこと"にどんどん占領されていってしまいます。そして辛さや苦しさばかりが増していってしまうのです。
自分にとって甘く、心地いい世界を引き寄せたいなら、まずは何が自分の本当の望みなのかをしっかりと知ること。すべてはそこから始まります。

新月のお願いごとは、自分の本当の気持ちを知るための大事なアクション。「こうなったら最高♡」を詰め込んだ私の姿をイメージしたら、お気に入りのペンを持ってノートに向き合いましょう。

最初はなかなかやりたいことが思い浮かばなくても、焦らない！ 新月のたびにこのワークをしていると、やがて自分のしたいことがスラスラ書けるようになっていきます。そしてそうなるころには、「これも叶った♡」「これも理想通りになってる！」というふうに、いくつも願いを叶えられるあなたになっているはず。

よくご質問いただくのは、「その月に叶わなかった願いごと

は、叶うまで何度も書くのですか？」というもの。
私はそうしています。「本を出したい」という理想は5年間ずっと書き続けていました。途中、もう無理なのかな……と何度もあきらめそうになりながら（笑）。

新月のお願いごとを書くことで明確になるのは、今の私がやりたいこと、したいこと。だからもちろん、書いているうちに願いが変わっていくのも問題ありません。「一年前はこの理想を書いていたけど、今はさほど強くは望んでないなぁ、それよりもこっちの願いを叶えたいな」なんて、自分の気持ちの変化にも気づくことができます。

今月はどんなしたいこと、やりたいことが出てくるかな。そんな風にワクワクしながら、自分の未来をデザインしていくのはとても楽しい時間です。

さあ、**新月の日は、大事な私と“未来会議”を。**

Yoshimi's
QUOTATION

2

答えは自分の中に、
選択肢は
自分の枠の外に。

答えは自分の中に、選択肢は自分の枠の外に。
この言葉は、私が創設したワークライフスタイリスト®という仕事のコンセプトでもあります。

「未来をもっといいものにしたいけど、それってどんなもの？」
こんなふうに、「人生を変えたい」という確かな思いは持ちつつも、その方法がどんなものかわからず途方に暮れている方も多いと思います。

そういうときは、まず**“自分の未来の選択肢”を増やしてほしい**と思います。

自分がどうしたいか？ の答えも、自分の中に“したいことの選択肢”がないと、全然、浮かび上がってこなかったりするものです。
そうすると、ぐるぐる頭の中で考えても「やりたいことがない!!」と八方塞がりになってしまったりします。

あなたが歩みたい未来は、今のあなたがまだ、知らないものなのかも。

だから、例えば次のようなものをヒントに、もっともっと自分の中に選択肢を増やすことを意識してみてください。

・映画で見た素敵な主人公の働き方
・Instagramで見た憧れのライフスタイル
・本で読んだ心に刺さる生き方
・テレビで見て感動した、夢を叶えたストーリー

なんでもいい。どこからでもいい。
「この働き方、生き方素敵！」
「こんなに楽しそうに生きてるのずるい！」
そんなふうに自分の心が反応したら、それが「欲しいかも♡」のサイン。

心が動いたときにはそんなサインを見逃さず、「あ、これも私の未来の選択肢になるかも」とノートやメモに書き留めておくのです。

それと同時に、「自分はどうしたいの？」と問い続けることも忘れずに。
“私”のためにたくさんの選択肢を用意したら、「こうしたい♡」を軸に、その中で一番ときめくものを選び取っていきま

しょう。

「選択肢がありすぎて、選べない！」という声もよく聞きますが、常に「私はどうしたいの？」と聞くクセがついていると、大切な決断をするときも「これがいい♡」と迷わず選べるようになりますよ。

世の中には、“あなたにとって最高の未来”のヒントをくれるものがたくさん溢れています。ぜひ宝探しをするつもりで周りを見渡してみましょう。そしてそのヒントをもとにカスタマイズを重ねて、自分だけの生き方をつくっていきましょう。

さあ、今日も自分の心が「素敵！」「ずるいな〜」「いいなー♡」と反応したら、すぐに“マイ未来リスト”に追加しよう。

これがあなたの未来を無限大にしていくルーティン。

Yoshimi's
QUOTATION

3

何者にだって
なれるから、
何者になるかを決める。
もっと大胆に。

「理想を描くときは、遠慮なく」。そんなことを、ずっと私は伝え続けてきました。

理想やお願いごと、夢などをノートに書き出すときって、なんだか遠慮しちゃうんですよね。
「私にはこんなもんかな」「これくらいの人生が私には妥当かな」なんて、誰も見ていないのに。

でも一体それって、誰に遠慮しているんでしょう？
誰も見ていないからこそ、「こうなったら、夢のよう！　最高すぎる！！」と、自分が一番ワクワクする未来を大胆にイメージしてノートに書いていってください！

私も昔「年収1000万円を目指している」と言ったら、「そういうこと、言いたくなる時期あるよね」と、笑われました。
「個人向けのスタイリストとして、お買いものに同行するサービスを始めたい」と言ったら、「そんなの使う人いるの？」と呆れられました。
「本を出したい」と言ったら、「甘いこと言わないで」とお叱りを受けました。

3

自由に未来を描いたら、「そんなの無理だよ」と、たくさんの人からたしなめられました。
でも、**自分だけは、自分のことを「きっと大丈夫」と信じてあげていました。**
そしてやがて、"本を出す"というみんなに笑われた夢を叶え、ビジネスでは年商億を超えるまでになりました。**あのとき誰も実現すると思っていなかった願いを、現実のものにすることができた**のです。

「こうならなきゃ絶対やだ！」という思いで執着していたというわけではなく、「こうなったらいいな、最高だな♡」とワクワク妄想しながら「きっとそんな理想の自分になれる！」と決めていたのが、私が夢を叶えられた理由だと思います。

決めるということにはものすごいパワーがあります。
今の状況も、才能も、周りからの評価も関係ない。人は自分が決めた通りの自分になれるのです。

もちろん、無理だよと言われて「所詮私には不相応なのかな」と何度も思ったし、落ち込んだし、泣いたけれど、**あきらめきれなかった。私は私の人生を。**

人は何者にでもなれます。

自分が決めさえすれば。

たとえ、周りの人になんと言われようとも。

私が大きな夢を語ったとき「佳実ちゃんなら絶対できるよ」と言われるような優秀な存在だったなら、今この話をみなさんに伝えることはできませんでした。

でも、ごくごく平凡で、とんでもない夢を明かしたら笑われるような過去を歩んできた私だからこそ、今、こうしてみなさんの背中を押すことができる。

私はこれまで、気の向くままノートに、「こうしたい、ああしたい」と理想を書いてワクワクする時間をたくさん持ってきました。その時間がどんどん理想を明確にし、精査していったのだなと思います。

最初はボヤッとしていた理想も、考え続け、書き続けることで、自分にとってすごく明確な、未来の計画のような"的"になります。そこに自分のエネルギーをまっすぐ向けていくことで、理想がより実現しやすくなるのです。

何者でもなれるから、何者になるかを決めよう。

そう、理想はもっと大胆に。

Yoshimi's
QUOTATION

4

誰のものとも違う、
世界でひとつの
マイスタイルを
つくっていく。

ときどき、こんな声が聞こえてきます。

「みんながアイドルになると決めたからって、全員が売れっ子のトップアイドルになれるわけじゃないですよね？」と。

そういうふうに考えると、何者にでもなれるってやっぱり嘘なの？ と思いますよね。

わかりやすく、芸能界を例にして考えてみましょう。たくさんの人たちがアイドル、俳優、芸人などを目指すけれど、成功するのはごくわずかな一握りの人たちだけですよね。
私は、誰もが知っているようなトップの人たちは、その世界がものすごく性に合っている人たちなのだと思います。
ですが、トップにいることが幸せな人ばかりではありません。ずっと人から見られ続け、評価され続けることでものすごいプレッシャーを感じ、押しつぶされてしまうこともあるでしょう。そしてやがては、精神や体調を崩してしまう人も少なくないはずです。

だから、芸能界という特殊な場所で、第一線で活躍している人というのは、その世界がしっくり、ぴったりきている人な

4

のだろうと思います。
多くの人が憧れる世界ではあるけれど、そこにいることが、誰もにとっての幸せというわけではないのです。
何者にでもなれると決めたあと、自分の気持ちにしっかりと向き合って進んでいくうちに、より自分にしっくりくるように"何者"の形が変わっていくのだと思います。
私流に言わせていただくと、自分に戻るという感覚です。

自分の可能性は無限だから、まずは何者になるかを決める。
そしてそこに向かって、エネルギーをどんどん出していく。
その中で、自分の"しっくり"を都度確認し、最初に決めた"何者"を細かく調整しながら、オリジナルのものをつくり上げていくのです。

私も年収1000万円を理想に掲げた当初、もっとキャリアウーマンっぽくたくさん働くのだろうなと思っていました。年収1000万円の人といったら、やっぱりバリキャリなイメージだし、「もっともっと忙しくなるはず！」と、自分自身の"何者像"を決めていました。
でも、自分の"しっくり"をひとつひとつ確認しながら進むうち、「私はもっとゆっくり穏やかに、自分のペースを守り

ながらやっていく方が幸せだし、心地いいんだな」とわかるようになったのです。

スケジュールを詰め込むのも、苦手な早起きをするのも、堅い印象の洋服に身を包むのも、私にはしっくりこないし、居心地が悪い。もともと思い描いていた年収1000万円の女性像は、ことごとく自分には合わなかったのです。

だから、自分らしく、ゆるふわなままで稼げる方法を考えていった結果、それが揺るぎない私のアイデンティティに。当初掲げていた“カッコよく年収1000万円”とは違うけれど、“可愛いままで年収1000万円”がつくられていき、それが私のスタイルになりました。

「こうなる」と決めたあとはこんなふうに、自分にとって一番いい形の“何者像”を、時間をかけてつくっていきましょう。

誰のものとも違う、自分が納得する私の姿、私のスタイル。人生をかけてちょっとずつつくり上げていくのだと考えると、心が躍りませんか？

Yoshimi's
QUOTATION

5

認められること、
褒められることじゃなく、
私が喜ぶことを
選ぼう。

理想を思い描くとき、ついつい私たちは誰かの役に立つこと、周りに評価されること、という視点で考えてしまうことが多い気がします。
もちろんそれが叶って、誰かに認められたときは嬉しいもの。でもうまくいかなかったとき、それほど褒められなかったときは「せっかくやったのに！」と逆に腹ただしく感じたり、虚しくなったりしてしまいますよね。

だから私は"誰からも認められず、褒められなくても叶えたいこと"を基準に理想を設定するようにしています。

かつては、「もっと認められたい！」「すごい経営者と言われたい！」と、人から賞賛されるための理想を掲げていた時期もありました。
それより以前に「本を出したい」「『SEX AND THE CITY』のキャリーみたいに働きたい」という理想を思い描いていたときのようなワクワク感はなかったけれど、なんだかそういう目標を成し遂げたらものすごい達成感を味わえるような気がしていたのです。また、それまで追い続けてきた理想が叶って、周りの方から「佳実さんの次の目標は？」と聞かれることも多かったので「何かすごいことを言わなきゃ！」と勝手

5

にプレッシャーを感じていたのかもしれません。

そんな目標がその後どうなったかというと……、全然うまくいかなかった。すごくがんばってお金もかけて、その理想に向かってたくさんのことをしたけれど、つまずくことや「あれ？」と思うことばかりでした。

「これ楽しそう♪」「こうなったら最高♡」とワクワク描いてきた理想は、ほとんどのものがスルスルと進んでいき、手応えがあったのに。自分が楽しく思い描けないゴールに向かっているときは、いつも肩透かしをくらっているような感じでした。

そんな中で、自分自身に聞いてみたのです。「これは私が、誰からも認められなくてもやりたいこと？」と。

そうしたら、自分の答えはNO（笑）。

ずっと「これが自分の夢だ」と思い込んでいた目標は、私が本当に叶えたいと思っていることではなかったのです。

魂が震えるくらい叶うのが楽しみな夢だからこそ、人は無限に努力できて、純度の高いエネルギーがドバーッと出る。そして願いがスムーズに叶っていきます。

だからこそ、**世間や周りの声に惑わされるのではなく、自分の声に耳を傾けてあげてほしいのです。**

もちろん最初は、それが本当に自分が望んでいることなのか、はたまた誰かから認められたいがために自分の望みとして無意識にすり替えてしまっているのか、わからないときもあるでしょう。私のように、目標に向かいながら本当の自分の気持ちに気づいていくということも多々あると思います。だからこそ、常に自分の内側を深く深く探究していくことが大切なのです。

「なぜ、その仕事をしたいの？」

「本当に気持ちが喜んでる？」

「どうしてそれを伝えたいの？　提供したいの？」

そんなふうに自分に問いかけ、思いを掘り下げていくことで、本当の気持ちが見えてくるはずです。

売上や評価など、外側にばかり意識を向けていると、魂が震える感覚がわからなくなってしまいます。

そんなときこそ、意識を自分の内側に。迷ったときこそ、この質問をしてあげましょう。

「誰からも認められなくても、褒められなくても私がやりたいことは？」

こういう習慣が結果的に、ビジネスの成功にも結びつくから不思議です。

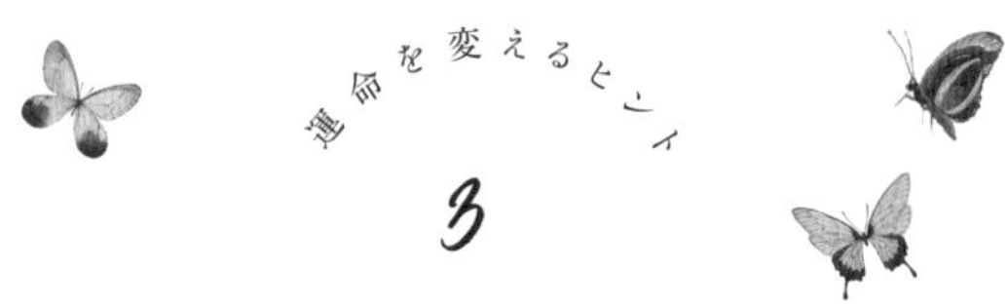

自分をご機嫌にする方法を知っていれば自分の幸せは自分で守れる

私が自分のご機嫌をとるために普段していることをいくつかご紹介します。1. 天気のいい日にお散歩する、2. 犬と戯れる、3. 大好きなケーキとお気に入りの紅茶でゆったりとティータイムを過ごす、4. お花を買って飾る、5. 少し値の張るパックを使って丁寧にスキンケアをする。こんな方法で自分をご機嫌にしてあげています。自分はどんなときに幸せを感じるのか？という自分の「トリセツ」を把握できるようになると、幸せを誰かや何かに求めることがなくなります。

お花を飾ると一気に部屋の中が華やかに。ピンクのお花を選ぶことが多いです。愛犬と遊ぶのもかけがえのない時間。こんなふうに非日常ではなく、日常で自分を満たすという意識で日々過ごすようにしています。

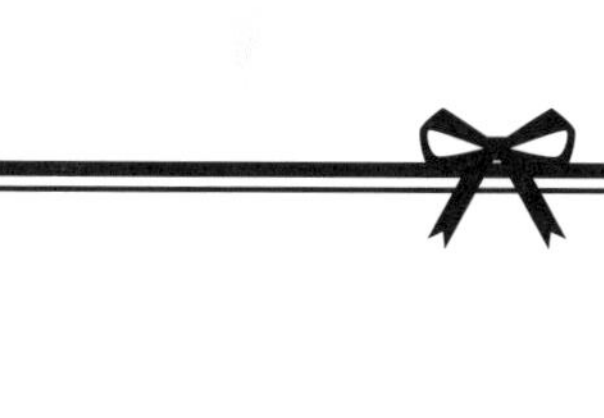

STEP 4

軽やかに一歩、
踏み出してみる

Yoshimi's
QUOTATION

I

今より10倍
“軽く投げる”。

STEP 4

軽やかに一歩、踏み出してみる

自分の人生をうまくいかせるコツとして、本やSNSなどで“軽く投げる”ということをこれまでに幾度となく伝えてきました。

軽く投げるとは、行動を球に例えた私なりの言葉です。
実際に行動すること、とりあえずやってみるということを意味しているのですが、うまくいっている人は、この行動量が絶対的に多く、なかなか人生うまくいかないな……と悩んでいる人は、決まって二の足を踏んでしまっていることが多いのです。

ぜひみなさんには、**恐れず、たくさんの球を軽く投げる**ことを実践していただきたいと思っています。

絶対に当てなきゃ！ 外せない！ と思うあまり、失敗するのが怖くてなかなか投げられなかったり、あるいは「絶対当たる」と確信が持ててから投げようと球を磨きまくって、いざ投げたときに当たらず、それはそれは落胆してしまったり……。そんな方も多いのではないでしょうか。

でも、**うまくいっている人は、「外すことも想定内♡ 当たっ**

I

たらラッキー！ こうやって投げたら、どこに飛んでいくか見てみよ♪」くらいの気楽さで投球しているんです。

投げながら、「ふーん、この球をこう投げると、こっちに飛ぶのかー。じゃあちょっと球変えてみよ」とか、「もうちょっと強く投げたら当たりそうだな、投げ方変えてみよ」という感じで、少しずつ調整しながら次々投げていきます。

たとえ思い通りに球が当たらなかった（失敗した）としても、それは単なるデータと捉え、次に生かしているのです!!

渾身の一球が外れてしまったとき、「自分には才能ないんだ」、「やっぱりダメなんだ」と落ち込んでしまうのは当然ですし、もう次の球を投げる気力が湧いてこないのもよくわかります。
でも本当は、**投げた自分が悪いのではなく、投げ方や投げた球が違っただけ。**
方法を変えれば、いずれ球は当たるのです。
人生がうまくいっている人が軽やかに生きているように見えるのは、そのことを知っているから。
だから**何度でも挑戦できるし、あまり大きく落ち込まない**のです（もちろん、ときにはガッカリすることもありますが）。

STEP 4
軽やかに一歩、踏み出してみる

読者の方にお会いしたときに、私が普段どのように行動しているのかを話すと「軽く投げるって、そんなに軽いんですか⁉」とびっくりされることがよくあります。

私は、「こんなことやってみたらいいかもー」と思ったら、すぐブログやオンラインサロンで「こんなの思いつきました！　やろうと思います！」と発信したり、内容が固まっていないカリキュラムであっても早速、告知文を作り始め、同時に中身を決めていったりしています。

今回のこの本も、作家の大先輩の本田健さんとクラブハウスでご一緒したときに「佳実さんの“普通の女性がすごい夢を叶えていく”というそのやり方を、もっと多くの人が知りたいと思ってると思うよ」と、お声をかけていただいたことで「そうか！　私の強みは普通の女性っていうことだ。それをもっと掘り下げてステップごとに書こう！」と思い立ち、すでに原稿をかなり書き進めていましたが、その日から大幅に変更しました。
まさに“軽く投げる”です。
また、例えば「こんなグッズが作りたいなー」と考えてスタッフと話しているときも、誰よりも速く制作している業者さんを調べ、その場で電話して確認します。
どうしようかなー、ここがいいかなーなどと考えている時間がもったいないので、近い場所にある会社さんなら「今から行っていいですか？」と聞いて、すぐに向かうこともしばしば。
そのスピード感に、スタッフは驚きながら笑っています。
私は若干せっかちなところがあるので、やりすぎかもしれませんが、これくらいの軽やかさでどんどん投げていけばよいのです。

いまは星まわり的にも風の時代。この流れに乗れるのは、重いより軽いエネルギーを持つ人です。
思考も行動も、軽い人がうまくいきやすい！
ぜひ、みなさんも今の10倍くらいを目安に、球を軽く投げてみてください。
失敗したら、もう一度投げればいいのです。
そして、考えてからやるのではなく、やりながら考える。

考えが固まってからやろうと思っていると、なかなかはじめの一歩が踏み出せず、何も変わらないままになってしまいます。

STEP 4
軽やかに一歩、踏み出してみる

憧れの世界を自分のものにしたいなら、軽い球をどんどん投げましょう。

当たらなくても、投げ方が変でも大丈夫。
プロ野球選手が、速くて的確な球を投げられるのは、毎日たくさんの投球をしているから。
どんなにフォームの研究を重ねても、球を延々と磨き続けても、実践してみない限り、よいピッチングをできるようにはなりませんよね。それと同じことです！

さあ、たくさんの“私の球”を今日から投げて、自分だけのピッチングスタイルをつくっていきましょう。

Yoshimi's QUOTATION

2

私の幸せを
喜んでくれる人を
大切にしよう。

STEP 4
軽やかに一歩、踏み出してみる

夢に向かって進んでいるときや努力しているとき、周りから反感を買わないかな？と心配になってしまうことってありますよね。「あんまり目立つことをしたら、疎まれてしまうんじゃないか」「成功したいけど、そうしたら妬まれてしまうかも」そんなふうに心配するあまり、自分の行動にブレーキをかけてしまう。そして、周りから浮かないよう、嫌われないよう、幸せな話題は封印する……。

確かに世の中には、人が幸せそうだとおもしろくない、という人もいます。
でも私は思います。**自分にとって嬉しいことを喜んでくれない人を、自分の大切な人にする必要はない**と。

そして、**大切じゃない人たちの顔色をうかがって、“自分のやりたいこと”や、“無限の可能性がある未来”を制限するなんて、そんなもったいないことはありません。**

好きなことをして人生が楽しくなったとき、本当の人間関係が見えてくるのかもしれません。
あなたの成功を、あなたの幸せを、心から一緒に喜んでくれる人こそ、あなたの本当の友人であり、仲間なのです。

Yoshimi's
QUOTATION

3

やれば変わる。
やらないから変わらない。

「この夢が叶ったらいいけれど、私には無理だよね……」
明確な理想はあってもこんなふうにひるんでしまい、なかなか一歩を踏み出せずにいる方、あるいは進み始めても立ち止まってしまう方は多いと思います。
でも、頭の中でぐるぐると考え続けているだけでは、何も変わっていきません。**最速で人生を変えていきたいのなら、大切にすべきは“ぶれない思考”と“行動”**です！

ぶれない思考とは、STEP 3でお話しした、“理想の未来という的”への思いのこと。「私はこうなる！」という揺るぎない覚悟を、どんなときでも持っておくのです。

思うように理想が叶わない状態が長くなるほど、「もともと私には無謀(むぼう)な夢だったんだ」と自信を失っていってしまうのは当然です。
そんなふうに**弱気になったときこそ、自分の思いを再確認し、インストール**してください。くじけそうになるたびに「本当は私、どうしたいんだったっけ？」と自分の気持ちに向き合う。そして妥協のない憧れに何度でも立ち返る。心の底から安心できるまで、何度でもこの作業を行ってほしいのです。
私は常にこのぶれない思考作り、そう、“理想の未来という

3

的を意識する”ことに力を注いできました。
そしてその的を射るためには、とにかく行動することが大切です！　私が「本を出したい」という的を設定した当初は、何のツテも後ろ盾もない状況。この夢はあまりにも非現実なものでした。自分が力不足なことも痛感していたし、何をすれば良いのかという具体策も全くなかったのです。

でも**まずは軽い気持ちで踏み出し、あとは常にその的を意識しながら目の前のことに心を込めて取り組んでいきました。**毎日ブログを書く、異業種交流会に出席する、目の前のお客様を幸せにすることに神経を集中させる、夢を人に語る……。自分にできることを地道にひとつずつ行っていくうち、同じ夢を持つ人に出会えたり、出版関係の方と知り合うことができたりと、夢に近づいていっている手応えを少しずつ感じられるようになりました。
その過程で私自身のビジネスも成長して知名度も上がっていき、やがてベストなタイミングで、“理想という名の的”を射止めることができたのです。
「理想があまりにも遠すぎて、何から手をつけていいかわからない」と言って何もしなかったのなら、今こうして原稿を書いている私はいないでしょう。

だから、まずはとにかく踏み出す。「進む方向を間違えてしまうかも」と不安になるのもわかりますが、**走りながら方向を調整していこうというくらいの気楽さが大切**です。試行錯誤するうち、少しずつ“的”が近づいてきていることに気づく瞬間が訪れます。

夢への距離が果てしなくて途方に暮れてしまうときも、思いを巡らせてみれば、今の自分にできることはたくさんあるはずです。自分ではわからないという方は、その道のプロに聞いてみるのもおすすめ。**憧れの世界を現実のものにした人も、最初の一歩は本当に小さいものだったはず**です。その人の過去の行動を、ぜひ自分自身の中に取り入れてみてください。

まずは軽やかに一歩を踏み出す。そして現実の壁に負けそうになったときは、何度でも自分の大切な“的”に立ち返りながら前に進んでいきましょう。
やれば必ず、何かが変わる。そしてそれを体感するたび、どんどん行動することが楽しくなって、変化が加速していくはずです。

Yoshimi's
QUOTATION

4

お金は無限、
時間は有限。

“タイムイズマネー”といいますが、私はお金より時間の方が価値があると思っています。

お金や豊かさは、増やそうと思えば増やすことができるものですが、時間は誰にでも平等に与えられている、本当に限りあるものだからです。

「お金がないから、やりたいことがやれない」とおっしゃる方も多いかと思いますが、そう言っている間に、自分の一生の持ち時間は１秒１秒、減っていっているのです。
それを考えたら、お金云々より、早くやりたいことやってみよう！ という気持ちになりますよね。

“いつかやろうはばかやろう”なんて言葉がありますが、**“いつか”を“今”に変えたとき、本当に人生が大きくシフトしていきます。**

時間は有限であることを、しっかりと頭に入れておく。
それだけで、人生の使い方が変わります。

Yoshimi's
QUOTATION

5

本当の“自信”とは、
どんな時も
自分を信じること。

STEP 4

軽やかに一歩、踏み出してみる

「お金がないからできない」

「自信がついてからやろうと思います」

そんなお言葉を本当にたくさんいただきます。でも、そんなふうに二の足を踏んでいるうちに、限りある時間がどんどん減ってしまうということは前のページでもお話ししました。

私の経験上、“お金”と“自信”はあとからついてきました。だから、先に用意するものではないと思うのです。

お金がなければお金をかけずにできることから始める。
私も、ほとんどお金のない状態で起業しました。
親からお金を借りて必要な道具を揃えたり、銀行のキャッシングでサロンの契約金を払ったり、超ギリギリの自転車操業で、お金を工面したりしました。

また、自信は自分を信じると書きますが、起業をするうえでただただ私にあったのは、「やってみたい!」という想いだけ。
「絶対成功する!」というような確信めいたものは一切ありませんでした。
(ここでの“自信”は、自己肯定感とかそういうものではなく、絶対成功する確信みたいなものを指しているので、その点について私の経験をお話しさせてください。)

何度もお話しさせていただいているように、私はもともと何か特別な能力を持ち合わせていたわけでもなく、至って平凡。だから「絶対ビジネスで成功できる！」という勝算はほとんどなかったのです。あったのは「こんな生き方ができたらいいな♡」というワクワク感だけ。失敗したらどうしよう……という切迫した気持ちは全くなくて、「ダメでもちょっと恥ずかしいくらいだから別にいいや」とかなり気楽に考えていました。

別に成功しなくてもいいやと思っていたところをみると、“本当の意味での「自信」＝どんな自分でも受け入れ、信じる気持ち”は持ち合わせていたのだと思いますが、起業に関しては、成功する自信はほぼありませんでした。

でも**自信がないながらも私は、“毎日を味わう”ことに意識を集中し、目の前のことを楽しみながらひとつひとつ進んでいきました。**そのうち、ブログが上手に書けて、お客さまが喜んでくれて、お申し込みをいただいて……そんなふうに「できた」がひとつひとつ増えていき、それによって起業に対する“自信”がついてくるようになったのです。だから**何かに**

挑戦するときは、自信がついてからやるのではなく、まずは思い切って踏み出してみることがとても大事だと思っています。どんな結果になっても私は大丈夫、と自分を信じて。

前に読者の方からこんな質問をいただいたことがあります。
「今まで築き上げてきたものがすべてなくなったらどうしますか？　そういうふうに考えると怖くないですか？」と。
もちろん怖くないといえば嘘になりますが、**もしすべてを失ったとしても、私はまたゼロから、自分が「楽しい♡」と思えることをひとつひとつやっていく**のだろうなと思います。多くの人たちが「成功しているね」と言ってくれるようになる前から、ずっと私は楽しかったから。

軽やかに、心地よく、執着せず、ただただ“今”に幸せを感じていたい。
そして走りながら、自信とお金を手にしていきたい。
それが私の変わらないスタンスです。

どんなときでも、私は目の前の「楽しい」を見つけて、それを存分に味わえる力がある。それが私の“自信”です。

Yoshimi's
QUOTATION

6

人生がうまくいかないと
感じるのは、
やりたいことを自分に
やらせてあげて
いないから。

“自分の人生に本気を出す”。
これは講座を受けてくださる方々に私がいつも伝えている言葉です。

この言葉の意味は、イヤなことを我慢して一生懸命がんばるという意味ではありません。
自分のやりたいこと、自分のしてみたいことを、本気で自分にやらせてあげるということ。

自分のやりたいこと、したいことをこまめに確かめて、それを実現するために、自分自身が一肌脱ぐようにする！ ということです。

「こうしたいな」「こうだったらいいのにな」と思いながらも、「でも、無理だよね」ってあきらめてしまったことは、きっと誰にでもありますよね。でもそれを「こうしたらできるかも！」に換えて、大切な自分のために行動に移してあげるのです。

この“自分の人生に本気出す”を受講生さんたちにお伝えしたところ、みなさん実践し、次のような変化があったと教えてくださいました。

6

例1)

会社で「イヤだな」と思っている人がいて、ずっと我慢していました。でも「自分の人生に本気出そう！」と、思い切って上司に部署変えを直談判。そうしたら、**本当にあっさり異動をさせてもらえて、おまけに仕事も私がやりたかったことを任せてもらえてミラクル**です!!

例2)

旅行に行きたかったけど、なかなかお休みがとれず、かといって、有給休暇をとるのも気が引けて……。でも、「自分の人生に本気出す！　やりたいことをやらせてあげる！」ということを思い出し、連休の申請を出してみました。そうしたらすんなり通って。**なんであんなに何年も悩んでたんだろうって今では思います。**それからは、有休を上手に使って年に何度も海外旅行ができるようになりました！

これはほんの一例ですが、みなさん、自分の願いを「無理だよね」とスルーするのではなく、ちゃんと叶えるために行動している。それだけで、人生が驚くほど変わったとおっしゃっています。

そう、やりたいことがあるけれどやれなかった理由は“自分

があきらめていたから”であることが大いにあるのです。
そして、**人生に本気を出すコツは、結果や見返りを期待しないということ。**
例えば、勇気を出して有給休暇の申請をしたとしても、通らないこともありますよね。だからといって「やっぱり言ってもしょうがないじゃん」と不貞腐れるんじゃなくて、まずは自分が自分のために行動を起こしたことを褒めてあげましょう。
そしてまた別のやりたいことが見つかったときには、同じように動いてあげる。自分が自分の幸せのために変化を起こすということをクセづけることが大切なのです。

私は、**自分のやりたいことをあきらめず、本気のエネルギーを出して動くようになってから、本当に人生がおもしろいほど変わっていきました。**

結果はあとから自然とついてくるものです。
「こうしたい」が「こうしなきゃ」に変わってしまうと、それは途端に執着になります。
「こうしたい」の気持ちに素直に、ただ本気で動いてあげる。
そして、もし**思ったようにならなくても「次、次ー♡」と思える軽やかさを大切に。**

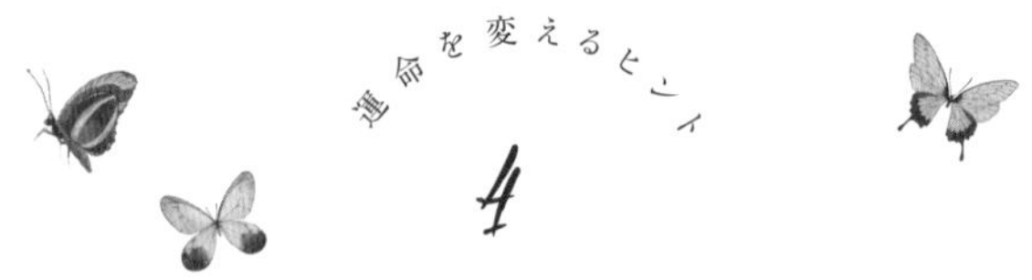

自分の“好き♡”に囲まれれば お仕事時間はもっとウキウキするものに

好きな場所で好きな仕事をしているときが、私の至福の時間。中でも心が踊るのは、仲間や編集者さんたちとする打ち合わせです。「こんなことしたいね」「こうなったら素敵！」と未来のことをウキウキ考える時間は本当に楽しくて、いくらやっても飽きません。また、マイペースにパソコンに向き合って文章を書くのも大好きな作業。お気に入りのグッズたちは、そんな私の気持ちをさらに上げてくれる大事な存在。“好き”に囲まれて仕事をすると、一層モチベーションが高まります。

白やピンクのグッズが多め。プロデュースしているノートや手帳は、私の“好き”を詰め込んでつくった最愛アイテムです。これからやりたいことを書き出すときは、願いを叶えてくれそうなスワロフスキーのペンで♡

STEP 5

愛されて
周りの力を借りられる
私になる

Yoshimi's
QUOTATION

I

私は
私にしかなれない。
だからこそ
いいところを
たくさん見てあげる。

STEP 5
愛されて周りの力を借りられる私になる

「私なんかが発信しても誰も見てくれるはずない」
「本当は可愛いものが好きだけど、私のキャラじゃないし」
「どうせ、みんなは○○ちゃんのことが好きだもんね」

そんな卑屈な気持ちになることってありますよね。
私も二人姉妹で、妹がとても可愛かったので、そんなふうに長年捻(ひね)くれていました。

妹は小さなころから人見知りで、どちらかといえば大人しいタイプ。一方、私は学級委員などを進んでやるたちで、活発なタイプでした。両親はそんな姉妹それぞれの性格を認め、比べないでいてくれたのですが、外野の「妹の方が可愛い」の声に、私は完全に拗(す)ねていました。

そんなとき、母から言われた言葉で印象深いものがあります。
高校生くらいだったでしょうか。「もう！ ○○（妹）ばっかり可愛くて、ずるい！！　私に生まれて最悪！！」こんなふうに、私に生まれたことを母親のせいだと言わんばかりに気持ちをぶつけてしまったことがありました。
そうしたら母親が、とても落ち着いた声で「じゃあ、佳実は○○になりたいの？」と言ってきたんです。

そう言われて戸惑いました。私は私で生きてきて、外見はちょっと気に食わないけど、まあいいところもある。生まれ変わって別の誰かになりたいかと言われれば、別に違う気もする。

「ううう」言葉に詰まった私。
「でしょ」と、笑う母。
このときのことは、今でもはっきりと覚えています。
母が洗濯物をたたみながら話してくれた光景すら鮮明に。

周りの人たちは「妹は可愛いのにね」とか、心ない言葉をかけてきたりしました。そんなふうに比較され続けてきて、劣等感でいっぱいだった私。
でも、私は私のことが潜在的に大好きなのだと思いました。
「やっぱり私がいい」と、心の底では思っていたのです。

もし、外野の声で自分のことが嫌いになりそうだったり、
他の人になれたらいいのにと思ってしまったりするとき。
ぜひ、自分のいいところ、好きなところをひとつひとつ書き出して、自分で確認してほしいと思います。何度でも、何度でも。そうやっていくうちに私は**自分のいいところ、好きな**

ところを認識するようになったし、自分で自分を認めたことで人から褒められることも多くなり、自分のことを昔よりずっと好きになりました。

自分の良いところを丁寧に見ながら、自分のやりたいことをやっていく。そうやって自分に集中することで、いつしか他者と比べることが格段に減っていきました。もちろん自分の嫌いなところもまだまだあります。でも、それも私。
やりたいことをして、好きなものに囲まれていると、自分自身のことが本当に好きになっていきます。

「全部含めて、私は私♡」というマインドが確立されると、心の底から安心感に満たされて、他の人と比べて落ち込むことが本当に少なくなります。

自分のことを大好きになれた今、美人な妹が本当に自慢です。

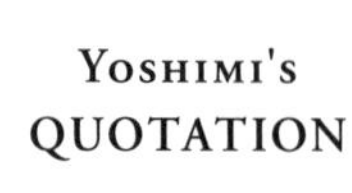

Yoshimi's
QUOTATION

2

期待せず、信じる。

私は普段、たくさんの女性スタッフたちと仕事をしているのですが、それを言うと周りの方から「どうしたら、そんなにたくさんのスタッフさんたちとうまくやれるの？　それに女性ばかりだと大変じゃない？」と不思議そうに聞かれます。
よく聞かれるので、自分でも「なぜだろう」と考えてみたところ、これも私が育った環境にヒントがあるなと思いました。

過去を振り返ると、両親とは喧嘩もたくさんしたし、親の言うことに反発したこともたくさんありました。
そんな中で両親から、「これをされなかったな」と思うことがあります。
それが“期待”です。

「こういう道に進んでほしい」
「こういう結果を出してほしい」
父や母からそう言われたことが、私はほとんどありません。
だから、**私は親の期待に応えるのではなく、自分が「こうしよう」と思う道を進んでくることができました。**
期待せず信じてくれている……。そのことがとても心地よかったのだと、大人になってから気づきました。

2

両親が私に対してそうであったように、私もスタッフに対して“期待”するのではなく“信じる”ことを意識しています。「これくらいはやってほしい」「これくらいはしてくれて当然」と期待すると、自分が思った通りに人が動いてくれなかったとき、裏切られたような気がしてイライラしてしまうもの。だからこそ**自分の“期待”を押しつけるのではなく、その人のことを深く信頼して仕事を委(ゆだ)ねる**ようにしています。

もちろん仕事なので、自分の中の「こうだったらいいな」「こういうことをお願いしたい」というイメージはきちんと伝えて未来像は共有するようにしますが、あとは本人に任せる。常にそんなスタンスです。
「それでは本当にやってくれるか心配……」という方もいるかもしれませんが、自分が細かく指示するより、その人の心地いいやり方で自由にやってもらえた方が、想像していた以上の仕上がりになって、逆に感動することの方が多いのです。

もし「イメージしたものと違うな」ということになったら、それまでの進め方を聞いて改善策を一緒に考えたり、そもそも適性に合っているのかを話し合ったりして、その先どうするかを考えていきます。

その人の力を信じ、その人が一番エネルギーを出して輝けるように仕事をお願いする。それがこれからのリーダーの役割かなと思います。

みんなと同じようにできなくていいし、フォーマット通りにできなくていい。自分を生かしながら心地よく、「あなたはここがすごいね」「あなたこそこういうところが素敵！」と、それぞれを認め合って働ける環境を作れたらいいな、と思っています。

目の前の人のダメなところを探すのではなく、いいところに目を向けていく。そしてそれをどうやったら生かせるかを考える。
本当の自分を認められ、受け入れられる環境では、きっとたくさんの人が心地よさを感じ、そのパワーを最大限に発揮してくれるはずです。
期待せず信じる……そんな気持ちで、心許し合える仲間たちとこれからも楽しく仕事をしていきたいなと思います。

Yoshimi's
QUOTATION

3

お礼は
大袈裟なくらいが
ちょうどいい。

私の周りの愛される人たちは、“お礼”や“感謝”をとても気持ちよく、そしてたくさんしてくれる方々ばかりだなと思います。してもらったこと、やってもらえたことを「あたりまえ」と思うのではなく、その都度、「本当に嬉しい♡」と思いっきり喜ぶのです。そうやって喜ばれると、してあげた方もとっても幸せな気持ちになりますよね。

私は社長という立場なので、ご馳走することなども自然と多くなります。その相手がすごく喜んでくれると、自然ともっと何かしてあげたくなるものです。

ついつい近しい人(家族やパートナー)にだと、“やってもらってあたりまえ”“してもらってあたりまえ”になってしまい、お礼が蔑ろになってしまうもの。でも**ずっと愛され続ける人は、その“あたりまえ”になりがちなことも、ちゃんと感謝し、満たされ、その気持ちを存分に相手に伝えることができています。**だから感謝が薄いのって、すごくもったいないんですよね。
感謝は自分と大切な人との絆をぐっと深める、大切な愛情表現。そしてもっと未来をよくしてくれる、とっておきのサプリです。

Yoshimi's
QUOTATION

4

言葉は“宝物”にも
“刃物”にもなるから、
丁寧に扱う。

「会話するときに、どんなことに気をつけていますか？」
こんなご質問をよくいただきます。
私は20代のころ、結婚式の司会者として活動していました。
新人時代は、それはそれは披露宴ごとに緊張し、発言するタイミングを誤るなど、大きな失敗もしました。
今思えば、そんなに大きな失敗ではなかったのかもしれません。でもミスをしてから数か月は、再び間違えてしまうことが怖くなり、司会台の裏で私の足はブルブルと震えていました。

何がそんなに怖かったのか。それは、マイクを通した自分の言葉の重さです。
私が「立ってください」と言えば、全員が立ってしまいます。たとえそれが、進行上立ってはいけない場面だったとしても。
言った言葉は二度と取り消せないし、ときには大きな影響を与えてしまう。そのことを自覚してからは、一言話すのにも、これを話したら数秒先の未来はどうなるのかな？　と考えてから言葉を発するクセがつきました。

そしてそれは、普段の会話の中でも生かされました。
「私がこの言葉を話したら、相手の人はどう思うだろう？」

そんなふうに、相手を自分に置き換えて、自分にそんなつもりはなくても誤解を招きそうなこと、聞く人によっては傷ついてしまうかもしれないようなことは、極力言わないよう、考えながら話すようになりました。
「これはどうやって言ったら、相手が一番気持ちよく、心地よく受け取れるかな？」と考えながら話すので、ちょっと言葉が遅れることもあります。そんなときは「なんて言ったらいいのかな」と言い、少し考える時間をとりたいと素直に伝えて、ゆっくり言葉を選ぶようにしています。

言葉って、ずっと大切にしていきたい“一生の宝物”にもなりえるし、ずっと心に痛みを感じさせてしまうような“一生の傷を残す刃物”にもなりえる。

パワーがある分、人の心を包み込むこともできるし、反対にえぐることもできる。本当に諸刃の剣なのです。だからこそ、自分から発する言葉は丁寧に扱いたいと思っています。

私自身、人からかけてもらう言葉、そして自分自身にかける言葉にずっと励まされ、背中を押されてきました。だからこそ、私の本やSNSを読んでくれる大切なみなさんが少しでも前向きになってくれたらいいな、という気持ちで言葉を発信しています。
誰かの“一生の宝物”になるような言葉を紡(つむ)いでいきたい……なんていうのはおこがましいですが、**一人でも多くの人を癒し、元気づけられる言葉をこれからも伝え続けられたらいいなと思っています。**

せっかく発するなら、誰かを幸せにするメッセージを。そんな気持ちでこれからも“言葉”と向き合っていきます。

私が私にかけてあげたい
宝物ワード

私は“私”のままでいい。

“仕事”は人生を楽しむためのもの。

本当は私、どうしたいんだっけ？

Yoshimi's
QUOTATION

5

ときには
嫌いな人がいていいし、
嫌われてもいい。

嫌われることを極端に恐れて、いろいろなことを我慢してしまっている人も多いのではないでしょうか。私ももちろん、嫌われたくはありません。でもこの世の中にはいろいろな人がいるので、当然合わない人もいます。
だから、**私のことが好きじゃない人、嫌な態度をとってくる人は「合わないんだな」と思うようにしています。無理して、その人にまで好かれようとがんばる必要はない**のです。

小学生のころ母に言われた言葉で、今でも思い出すものがあります。
それは「**半分の人が佳実のことを好きと言ってくれたら、もう半分の人は佳実のことを嫌いなのが普通だよ**」という言葉。
半分は言い過ぎだと思いますが、嫌われることも普通だと思えばそんなに恐れる必要はないし、“誰かに嫌われないようにする”という目的のために自分を抑えることもしなくて済みます。

もちろん、たくさん愛されたい。
でもそれは、“自分自身”と、“自分のことを大好きと言ってくれる人”に。
自分のことを嫌いだと言ってくる人を気にして、本当の自分

5

を出せないなんて本末転倒ですよね。
これはネットの世界でも同じです。
誰かに対して心ないコメントを送る人も世の中にはいますが、そういうコメントを気にして“本当の自分”を出せずにいるのって、すごくもったいないと思います。

批判的な意見を気にして伝えたいことを我慢するのではなく、自分のことを大好きと言ってくれる人のために発信した方が、何倍も楽しいと思うのです。

同様に、自分が誰かを「嫌い」「苦手」と思う感情も、後ろめたく思う必要はありません。私たちは昔から「みんなと仲よくするのがすばらしいこと」「人を嫌うのはいけないこと」という環境の中で育ってきたこともあって、誰かを嫌いだと思うことをネガティブにとらえがちですよね。

でも、そんなふうに自分の感情を押し殺すのも、立派な“我慢”です。
「嫌い」や「不快」という思いを抱くことがあるのはあたりまえのこと。
嫌いな人がいることは、決して悪いことではないのです。

だから、自分に嫌いな人がいても「そうだよね」って認めてあげてください。そして、そっとその人から距離を置くようにしましょう。
もちろんイヤな態度をとるというのは違います。ただ、無理して仲よくなる必要はないのです。「合わないな」と思う気持ちを自分で認めてあげて、その人から少しずつ離れる。それが得策です。

リモートワークやソーシャルディスタンスという概念が一般的になった今、以前のように気軽に人と会うということができにくくなってきました。そんな中で、多くの人たちから
・会社で苦手な人と毎日会うわけじゃないから、イライラすることがすごく減った。
・今思うと、無理して友だちと会っていたんだなと感じる。
という声が届くようになりました。

気軽に人と会えないのは悲しいことでもありますが、もしかしたら私たちは、**“本当に好きな人に本当に会いたいときだけ会う”という選択肢をもらったのかもしれません。**

Yoshimi's
QUOTATION

6

自分に優しくなるほど
世界は
私に優しくなる。

自分にも他人にも厳しく。それこそが成功するための法則で、世間一般の考え方だと思っている方は多いかもしれません。特段「厳しくしよう」と思っていなくても、ついつい自分を「こうしなきゃ」「こうじゃなきゃ」という制限の中で縛ってしまったり、あるいは誰かがその価値観から外れたことをすると「あの人ダメじゃん！」「もっとこうしてほしいのに、ずれてる！」と目くじらを立ててしまったり。

そういう世界って、言葉で表すと、ギスギス、イライラ、のような、心地よくない音になるのだと思います。それよりもしっくり♡ ふんわり♡ ぬくぬく♡ のような優しい響きで表現される世界の方が、きっと多くの人は心地いいですよね。でもこれまで、がむしゃらにがんばることで成功を掴めると教えられてきた私たち。ゆるく、可愛いままで幸せになれるなんて、なかなか信じられないかもしれません。

でも、ふんわりと軽やかに生きながら人生をうまくいかせることはできます。いえ、**軽やかに生きるからこそ人生はうまくいく**のです。
私や私の周りの人たちは、ギスギスの世界からゆるふわな世界に移行した結果、好きなことを仕事にできて、人間関係の悩みもなくなって、さらに入ってくるお金も多くなって……と、人生がすごくいい方向に進み始めました。

ゆるくてふんわりした世界の住人になるために必要なのは、まず、自分が自分に優しくすること。すべてはそこから始まります。
これまでにも書いてきた通り、「私はどうしたいの？」「そんなときもあるよね」「私なら大丈夫だよ！」といつでも寄り添ってあげる。そして、自分をとことん信じて、やりたいことをやらせてあげる。

たとえ**大事な夢が「あなたには無理だよ」と周りから笑われてしまったとしても、あなただけはあなたに「大丈夫♡できるよ」という言葉をかけ続けてあげる。くじけそうになったときは、何度も理想のビジョンに立ち返り、"憧れの自分"の姿を自分に見せてあげる。**
そんなふうに自分に徹底的に寄り添うことで、この世界は"自分の気持ちを認めて、やりたいことをやらせてあげる世界"になっていきます。

そして自分がそんな世界をつくり上げると、周りの人たちにもどんどん優しい気持ちで接することができるようになって、自分にしたように「あなたならできるよ！」と誰かの背中を押してあげたくなります。
そうするともうそこは、みんなのふんわりとした思い、エネルギーが循環する“優しい世界”なのです。

あなたは、自分の気持ちを認め、やりたいことをやらせてあげていますか？
もし自分の気持ちを否定し、自分に我慢をさせているなら、まずは内観して本音を見つめることから始めましょう。そしてやりたいことがあるなら、そのために本気を出す。**自分の願いがあるなら、自分で叶えてあげる**のです。

自分に優しくするたびに、あなたが生きる世界はどんどん心地いいものに変わっていきます。
「私なら大丈夫」「私ならできる♡」を合言葉に、“ゆるくて優しい世界”で生きることを選びませんか？

Yoshimi's
QUOTATION

7

素直に
謝れる人が愛される。

「ごめんね」「ごめんなさい」という言葉。
あまりにも慣れ親しんだ言葉ですが、「ありがとう」同様、言いづらいという方も多いかもしれません。

「ごめんね」は、自分が悪いということを認める言葉です。
例えば会社で上の立場にいる人たちの中には、「誰かの代わりに謝ることはできても、自分自身の非を認める、本当の『ごめんね』は言えない」という人も少なくないと聞きます。

なぜ、非を認めたくないのでしょう。
それは、自分が間違ったこと、ミスしたことを受け入れたくないからですよね。
人は自分の正当性を誇示したい生きものだと思います。
できれば「自分が正しい」って言いたいし、認めてほしい。

でも、**本当に心が強い人の共通点を考えると、それは"間違いを認められる人""軽やかに負けられる人"**です。

そういう人たちが素直に間違いを認められるのは、"どんな自分も価値がある、大切な存在"だということを根底の部分でわかっているからなのだと思います。間違ってしまうこと

7

があっても、自分の価値は変わらないとわかっているから。

人と意見が違っても、自分の意見が正しいとわざわざ知らしめる必要はありません。物事がよい方向に変わるのであればいくらでも言った方がいいと思いますが、ただ単に自分の気持ちをスッキリさせたいがためだけに伝える必要はないのです。

俗にいうアンチコメントも、「私の方が正しい」「あなたは間違っている」という気持ちからくるものが多いと思います。

そういうコメントを見ていて思うのは、きっとこういう内容を書いている人は、日常生活でも批判的・攻撃的なことを頻繁に考えたりしていて、それはきっと、はっきり言葉にしなくても相手に伝わってしまっているのだろうなということ。
人の内面は、言葉以外のところからもにじみ出てしまうものだと思うのです。

常に「自分が正しいことをわからせたい」という気持ちでいると、誰かと心地いい関係を築くのに苦労するし、愛される人になることが難しくなる。
受け取った人が気持ちがよくなる言葉や雰囲気を発すること

で、自分自身もいい気分でいられるし、もっとこの人と付き合いたいと思われるようになり、多くの人から愛されます。

自分の正当性を誇示するということは、「負けたくない」「正しくないと私には価値がない」と思っているから。

そんなことはないのです。**間違ってもいい。負けてもいい。あなたの価値はそんなことで揺らいだりしない**から、素直に「ごめんね。間違ってた」と言える強さを持って、もっともっと愛されよう。

8

夢を声に出していると、
誰かがミラクルを
起こしてくれる。

昔からファッション誌が教科書だった私にとって、雑誌に載るのは大きな夢でした。今ではたくさんの雑誌からオファーをいただけるようになり、オンライン版で連載などもさせていただいています。
その中でも特に印象深いのは、私がずっと大好きだった雑誌で取り上げていただけることが決まったときの話。
普段はブログやホームページ経由でお問い合わせの連絡をいただくことも多いのですが、この雑誌でのお仕事が決まったきっかけは、一人の受講生さんでした。
私が講座の中で「この雑誌に取り上げられるのが夢」と話していたら、その方から「編集長が知り合いなんです！　紹介します！」と言ってもらえて。あっという間にお会いして、登場させていただけることになりました。

このとき、「あぁ、こうやって**自分の“こうしたい”を口に出していると、誰かに叶えてもらえる**んだな」と実感したのです。自分の力でなんとかするよりも簡単に、そして自然の流れの中でスルッと夢が叶っていくような感覚でした。
だから、したいこと、ほしいものは、どんどん声に出したほうがいい。**誰かがミラクルを連れてきてくれるかもしれない**から。

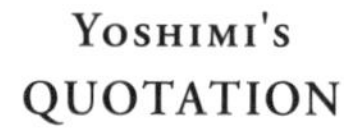

Yoshimi's
QUOTATION

9

人の“幸せ自慢”を
喜ぶと、
自分の幸せが
どーんと広がる。

大人気のSNS、Instagram。私も大好きで1日に何度も開いてしまいます。いいな、と思える情報を手軽に取り入れられるので、すごく重宝しているのです。
でもその一方でInstagramは、匂わせとか、自慢とか、マウンティングとか……そんな側面もあって、女子の心をざわつかせるツールともいえますよね。誰かのキラキラした日常と自分の毎日を比べ、卑屈な気持ちになってしまうという方も多いと思います。
「自慢されてマウントをとられた」と感じてしまう経験は、SNSだけでなく、日常の会話の中でもあるかもしれません。
でも相手にはそんなつもりはなく、ただ単に自分の嬉しかったこと、幸せだったことを話したかっただけかも。

私はSNSでも日常の会話でも、大いに“幸せ自慢”したらいいなって思っています。そして、その“幸せ自慢”をみんなが「いいね、いいね♡」と喜べる世界だったらいいなと。

先ほども書きましたが、人の幸せを喜べない人は確かにいます。そういう人たちから嫌われなくて済むように“不幸自慢”をして、自分を守りたくなってしまう気持ちもよくわかります。でもそうすると、毎日幸せを噛みしめるような生活を送

9

ることはできなくなってしまいます。
自分の足りないところ、不満なところを探して、それを誰かにもっと話さなきゃ、好かれるためにもっと不幸にならなきゃ……というスパイラルに、気づかぬうちに入っていくことだってありえるのです。
私はそんな不幸スパイラル、さっさと断ち切って、どんどん自分の"ある""幸せ"に目を向け、それをみんなにシェアしたらいいと思うんです。そして、それを「いいね」と喜んでくれる人と、自分の世界をつくっていけばいい。

自分の"ある"や"幸せ"を数えて、自分自身に満たされていると、人の"ある"や"幸せ"も喜べるし、「いいね！ もっと聞かせて♡」と言いたくなります。自分の幸せなこと、相手の幸せなこと、お互いにたくさん共有して、喜び合っていたくなるのです。
心が満たされている人同士がする幸せ自慢って、本当に気持ちよくて、嬉しさが何倍にもなります。

反対に心が不満を感じている状態で行う幸せ自慢は、人より優位に立ちたいという思いや、周りから認められたいという過度な承認欲求からくるもの。満たされない心を埋めるための手段になってしまいかねないのです。
お互いの幸せが増幅するような自慢をし合うためには、まず自分自身に“セルフ幸せ自慢”をしてみるのがおすすめです。今自分にある“幸せ”をひとつひとつ数えてしっかりと味わい、感謝し、満たされる。「私ってすごいね！」と褒めちぎる。そんなふうにして**しっかりと満たされた人同士で幸せをシェアするからこそ、ハッピーな気持ちが連鎖していく**のです。

私が主宰している講座やオンラインサロンでも、起こったミラクルや嬉しかったことをシェアしていつもみんなで喜び合っています。
自分の嬉しかったことや幸せだったことを、忖度(そんたく)することなくシェアできる。そして「いいね♡私もね……」と楽しく言い合える。多くの方が、そこで出会った仲間たちと、そんな心地いい関係を築いているのです。

自分の幸せを自分以上に喜んでくれる人とのお付き合いは、間違いなく人生を豊かなものにしてくれます。
そんな関係を広げていくためにも、まずは自分が自分を褒めてあげる。そして次に、他の人の“幸せ”“嬉しい”を「いいね♡」と聞く。そこから相乗効果で幸せが増していくのです。

COLUMN

気遣い上手になれると愛され力は倍増する

相手のことを日常的に喜ばせられる人、感謝の気持ちをきちんと伝えられる人。そういう人こそが、愛され力のある人なのだと思っています。もちろん言葉で「いつもありがとう」と伝えることも大事だけれど、ちょっとしたプレゼントでそれを表現できるのも素敵。私はお誕生日のプレゼントなどのほか、ご自宅に伺うときのお土産や、ちょっとしたお礼なども心を込めて選ぶようにしています。改まって言いにくいこともあるからこそ、よりメッセージが伝わるような気がするのです。

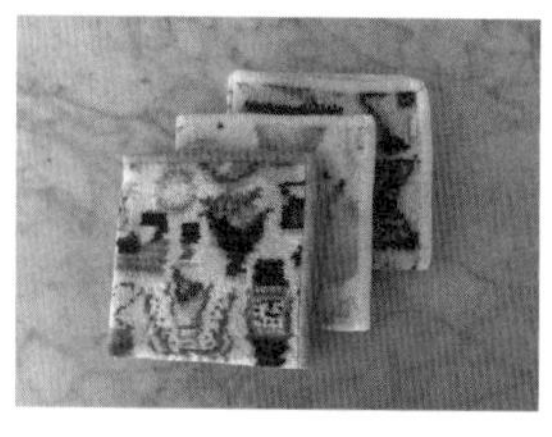

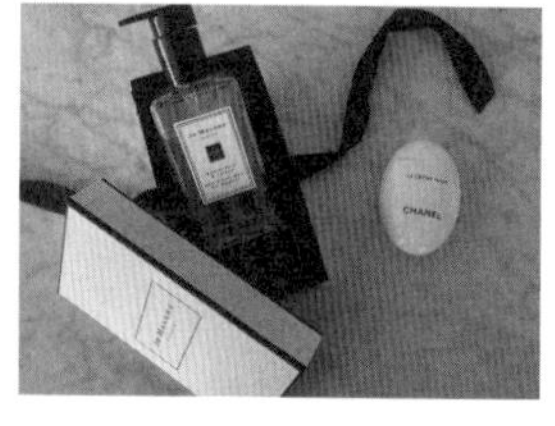

私も大好きなフェイラーのハンカチは、あげる方の雰囲気を考えながらデザインを選ぶのが楽しい！ ジョー マローンのボディ&ハンドウォッシュとシャワージェル、シャネルのハンドクリームも、お渡しするとすごく喜んでもらえる私の定番プレゼント。

STEP 6

運を味方につけて ミラクル体質になる

Yoshimi's
QUOTATION

I

日常の“ある”を
数えるようになると、
おもしろいほど
人生は好転する。

私が「人生うまくいかないな」と悩んでいたときは、いつも「これが足りない」「これが私にはない」と、とにかく“ない”を数えるのが習慣でした。
「お給料が少ない」「好きな洋服が買えない」「会社は私を評価してくれない」……もう、自分の世界が“足りない”で溢れていて、いつでも不満だらけでした。

そんなふうにないものばかりを見つめていた私が変わったのは、好きなことを仕事にするようになってから。お給料が急激に増えたというわけでも、いきなり欲しいものがなんでも手に入るようになったわけでもないのに、とにかく自分の“好き”で生活ができることが嬉しくて、自然に“ある”ものにフォーカスするようになってから、見える世界がどんどん変わっていきました。

・今日も一人お申し込みがあった！
・昨日よりホームページのアクセスが増えてる！
・新しい起業仲間との出会いがあった！
・楽しいことをしていただいたお金で、お洋服が買えた！
こんなふうに、意識ひとつで私の人生は“あるもの”で満ち溢れるようになっていったのです。

“新しい洋服を買う”ということひとつとっても、仕事を仕方なくしていた時代は、その瞬間は嬉しいものの、しばらく経つと「結局これしか買えないんだよね……」と、また“ない”に意識を向けてしまい、全然気持ちが満たされていませんでした。
でも、好きなペースで好きなことをして働く生き方に変わってからは、「大好きなことを仕事にして、こんなふうに素敵なお洋服も買えて幸せ♡」と思えるようになり、みるみる人生が好転していったのです。
何度もお伝えしているように、**現実をつくるのは自分が出しているエネルギー。だから“ある”を数えて幸せな気分に浸ることで、どんどんその気分に見合った幸せな現実がつくられていく**のです。

私も今でも気を抜くと、ついつい「あれも足りない」「もっと、もっと！」という気持ちになってしまうので、意識的に“ある”を数えるようにしています。頭の中で自分が持っているものを思い浮かべるだけでも十分効果はありますが、ここでもやっぱりノートが活躍。今の自分の“ある”を書き出していくと、自分がどれだけ幸せかに気がつくのです。そして「私にはこんなにたくさんの“ある”があるのに、何が足りなくて焦っていたんだろう？」とおかしくなったりもします。
私は以前から、**ミラクルを起こす手順は、決める→満たされる→安心する**、であるとお伝えしています。
最高の未来をつくるために大切なのは、自分の出すエネルギーだけ。だからこそ、**自分以外の誰かや環境に、自分のエネルギーを支配されない、脅(おびや)かされないでいてほしい**のです。
誰かのせいにしたくなったり、思い通りにいかない環境を恨めしく思いそうになったりするときこそ、自分の“ある”を数えましょう。温かい布団で眠れる、家族が元気でいてくれている、おいしいご飯が食べられる……、意識すれば、たくさんの“ある”に気づくはずです。

「こうなったら最高♡」な未来を叶えたいなら、**自分の人生がたくさんの“ある”で溢れていることに気づき、「こんなに満たされてるんだから、夢が叶っても叶わなくてもどっちでも幸せ。心配しなくても大丈夫♡」と心から安心する。逆説的ですが、それができたとき、びっくりするようなミラクルが現実に起こり出します。**
私はこの方法がわかってから、恋愛も、出版も、理想の家も、事業拡大も……すべて叶えてきました。叶えたい夢が遠く感じるとき、なんだか行き詰まったと感じるときこそ、自分が持っている宝物に目を向けてあげましょう。

Yoshimi's QUOTATION 2

今すぐ
“自分軸”で生きる。

“自分軸”と“他人軸”って、最近よく聞く言葉ですよね。

みなさんは“自分軸”で生きていますか？ 私が思う“自分軸で生きる”とは、他人の顔色や世間の評価ではなく、自分の基準で生きているということ。自分の感情を最優先に人生を進めている、ということだと思います。

逆に“他人軸で生きる”は他の人の基準に重きを置いて生きているということ。例えば、「これをしたいのに、〇〇のせいでできない」とあきらめてしまうような、誰かや何かのせいにして、自分の本音や感情に向き合わない状態のことを指します。

自分軸で生きている人は、自分の人生に責任を持っている人です。だから、仮に「これをしたいけれど、〇〇のせいでできない」と一瞬思ったとしても、あくまで基準は自分。だから「これをしたい」という自分の気持ちにフォーカスし、どうしたらそれを叶えられるかな？ と考えます。

そして、もし実現できなかったとしても、「自分の考えがちょっと足りなかったのかな」「もっと、誰かに聞いたり学んだりしたらできるかもしれない」とすべてを自分ごととして捉えることができるのです。
「○○のせいでできない」と言いながら生きていくのって、やっぱりすごく悲しいことだと思うのです。それは自分の人生を生きていないということだから。

だから、誰かや何かに影響されたり、遠慮したりして自分の本音に目を背けてしまっているな、と思ったときは、**「○○のせいで」の部分を自分ごとに変えて考える。**
自分はどうしてこれをしたいのか、どうやったらできるのか……、そんなふうに変換して考えていく。そうすることで、少しずつ自分軸で生きることができるようになります。

私は、自分の本音から目を逸らして生きるということは、“人生の楽しみ惜しみ”だと思っています。私たちは潜在的に、もっともっと自分のエネルギーを出したいし、本気で人生を楽しみたいと思っているもの。でも他人軸で生きている限り、自分が楽しむことに制限をかけることになってしまいます。

自分の人生の責任者は自分。“私”には“私を幸せにしてあげる”使命があるのです。

私は、例えば「今日はどのバッグで出かけようかな」という日常の小さな1コマから、「次の本のテーマは何にしよう」という仕事の大きな決断まで、すべてにおいて自分の本音や望みとじっくり向き合い、自分の心が本当にワクワクするものだけで人生をカスタマイズするようにしています。

自分の願いは自分で叶えてあげる覚悟を持つ。そう決意するだけで、人生の流れは変わっていきます。

軽やかな気合いを入れて、自分の人生に真剣に向き合う。
そんな“自分軸”の思考を手に入れて、オーダーメイドの人生を進めていきましょう。「人生を楽しむ」と決めた人から未来が変わっていくのだから。

Yoshimi's QUOTATION

3

ふわっと心が
軽くなるのが
「こっちだよ♡」の
サイン。

ここまで、いろいろなことを書かせていただいてきましたが、周りの人たちにも聞いてみたところ、私がゆるふわのスタイルを貫きながら、とんでもない理想を叶えられてきた理由は、まとめると

・自分自身を熟知している。
・我慢していない。
・行動が早い。

ということかなと改めて思いました。

「このときに、この仕事を受けたから」というピンポイントの出来事でガラッと人生が変わったのではなく、日々のマインドと行動が、今の私をつくってきたのだと思います。

上に書いた3つは私が常に意識していることですが、すべてに共通して大事にしていることがあります。それは“しっくり感”です。**しっくりくるかどうかというのは、何をするときにも私がものすごく大切にしていること。**すべてにおいてこのしっくり感をベースにしていると言っても過言ではありません。

これは自分を熟知しているからこそわかるもの。自分ととこ

とん向き合い、寄り添ってきたからこそ自分に本当に合うものがわかるようになり、それ以外の違和感があることは潔く手放せるようになりました。そして常にその感覚で選ぶようにしたところ、選択力がものすごく研ぎ澄まされ、行動のスピードも格段に上がったのです。

こんなふうに自分の**“しっくり”をキャッチできるようになると、自分にとって本当に必要なものだけを選びとれるようになります。それは、直感力を上げることにも通じます。**そして直感力を磨けば、憧れの世界を自分のものにするスピードもどんどん加速していきます。

そのためにも、日常のあらゆることを、自分の“しっくり”“心地いい”“嬉しい”“楽しい”“好き”を基準に選ぶようにしてください。もう、これは本当に何気ない、小さなことからでかまいません。

今日、歩く道順とか、午後に食べるおやつとか、お風呂に入れるバスソルトとか、デスクワークで使うペンとか、スマホの待ち受け画面とか……。そんな些細なことからでよいので、自分の“しっくり感”をベースに選んでいきます。

そうしていくうちに、自分にピタッとハマるもの、心地よいと感じるものだけに、心が「ピン♡」と反応できるようになってくるのです。

私も起業当初は、コラボのお誘いなどがあると、「これからの自分のビジネスのためにもお受けした方がいいよな」と、来たものは引き受けるようにしていました。
でも、講師としてコラボすることは同じなのに、集客は全て私で（そうすると、申し込みの処理なども必然的に私がすることに）、利益は折半……というような、なんだかしっくりこないなぁと思うものもありました。そしてそういう仕事は、決まって満足のいく結果に終わることはありませんでした。

振り返れば、コラボすることが悪いのでも、私が集客を全部していたことがいけなかったのでもなく、ただそのコラボ自体が私に“しっくり”きていなかったんだなとわかります。
相手の方との相性だったり、そのときのコラボのシステムだったり、さまざまな要因があったのでしょう。
こういった失敗を経て「私はこういうものに違和感を感じるんだな」と自分の中でどんどん“しっくりデータ”が集まって直感力も上がっていき、やがてはご依頼をいただいたとき

3

に「ピン♡」とくるものを選べるようになりました。

また私は、自分の好きな色や、自分が本当にときめくものなどもよくわかっているので、例えば何かアイテムを作るときの配色選び、普段の買物などでも、長い間迷うことがほとんどありません。
スティーブ・ジョブズが「迷う時間がもったいない」と同じ服ばかりを着ていたのは有名な話。でもおしゃれを楽しみたい私たちだって、この“ピン♡力”を上げれば、迷わず自分の心が一番喜ぶお洋服を手にすることができるのです。もちろんお洋服だけでなく、さまざまな場面で、自分に本当にマッチするものを素早く選ぶことができます。

直感力もピン♡力も、自分のこれまでの人生データから養われるもの。だから何度失敗しても大丈夫なのです。「これは合わないんだな」と、自分のデータがめでたく追加されるだけだから。
実際に行動してみないと直感力もなかなか磨かれていきません。そう思うと、**失敗するよりもやらないことの方が何倍ももったいない**んだなと思えてきますよね。

「これだ！」という勘が冴えるようになっていくと、決断力が上がります。
そうすると、行動に移すスピードも早くなるので、現実がどんどん変わっていくようになるんです。

「心地いいな」「好きだな」と感じるもの、「なんだかイヤだな」「違和感がある……」と感じるもの、ひとつひとつ味わいながら、毎日を慈しむように生活してみてください。
それだけで、“ピン♡力”は向上し、自分にとってベストなものだけを選びとっていけるようになります。そうするとどんどん世界は色づいて、自分色に染まっていくのです。

そして私がもうひとつ基準にしている心のサインが“軽いかどうか”ということ。その物事を考えたとき、見たとき、聞いたとき、心がふわっと軽くなりますか？　ぜひみなさんも、心がズーンと重く暗くなるか、ふわっと軽くなるか、注意深く見てみてください。ふわっと心が軽くなるのは、「そっちに進んでいいよ♡」の合図です。

身の回りを自分のお気に入りでいっぱいにしながら、現実を変える直感力を磨いていこう。

Yoshimi's
QUOTATION

4

“失敗”は自分が
オリジナルの道を
進んでいる証拠。

「どうやったら失敗しませんか？」
「どれを選んだら間違いませんか？」
そんなことをよく聞かれます。誰だって失敗はしたくないし、できることなら最短ルートで成功したいと思いますよね。

これをやったらだいたいこうなる！ というような、再現性の高いやり方はもちろんあります。失敗する可能性が限りなく低い、いわば安全な方法です。
何かを始めたばかりのときは、そういう方法をそっくりそのまま試してみるというのもよいと思います。
でもやっぱり、私は自分のしっくりいくペースで、自分のしっくりいくやり方で、自分だけのオリジナルなスタイルを作っていくのが一番いいなと思っています。

再現性の高いやり方というのは、レシピ本のお菓子作りに似ています。材料をレシピ通りに入れて、レシピ通りの時間オーブンで焼けば、それなりにでき上がる……そんなイメージ。
そして違うお菓子を作るときは、また違うレシピを見つけて、誰かの示す工程通りのものを作る……。

もちろん、それもすごく楽しいとは思いますが、自分の人生だったとしたら、「もっと、お砂糖の量を控えたいな」とか、「チョコチップ入れてみたらどうだろう」とか、自分なりに楽しみながらカスタマイズしたいし、オリジナルを作りたい！と思いますよね。

そのためには、実践してみて「お砂糖控えすぎた！ 全然甘くない！」とか、「チョコチップより、イチゴソースのほうがよかったのかも」とか、何度も失敗を繰り返し、試行錯誤しながら“自分の一番しっくりくるオリジナルレシピ”を更新していくことが大事なんです。

私ももちろん、失敗が怖いと思った経験もあります。でも、失敗はデータであり、財産。失敗するたび学べることが必ずあります。そしてそのたびに「じゃあこうしてみたらどうかな？」と、自分だけの正解に近づくことができるのです。それと同時に、**うまくいかなかったことをなんとか超えて、挽回できる自分の強さに気がつくこともできる。**
最初から「正解だけ選びたい」「失敗したくない」と思いすぎるのは、オリジナルな“私の人生”から遠ざかっていく行為なのかもしれません。

失敗もしながら、間違いもありながら、自分だけの働き方・生き方を確立していきましょう。
ヒントはもらうけれど、あとはとことん私仕様に。たくさんの工夫とアイディアを重ねながら、たったひとつのオリジナルなレシピを作っていくのです。

私の会社で講師をしているAさんは、元受講生さん。自分の理想が見つからない状態で講座に通い始め、何年もかけて料理という“好き”を見つけました。でも料理講師の資格も取り、活躍していた最中に、「本当に好きなのは料理じゃない」ということに気づいてしまったそう。お金も時間もかけて得た料理講師の仕事ですが、自分の中にある“しっくり”と“違和感”を徹底的に分析した結果、「私は生徒さんたちに生きやすくなるためのマインドを伝えることが楽しかったんだ！」という本心に気付いたそう。そして料理講師を辞め、現在は私の会社で講師として楽しく働いています。**失敗は、自分だけの通過点。やったことにムダはない**のです。

「これじゃなかった！」と思うたび、あなたはたった一つの生き方に近づいています。さあ、再現性なんてない、“私”だけの、ワークライフスタイルを。

Yoshimi's
QUOTATION

5

長く続けられているのは、
マイペースを
守っているから。

起業して11年。みなさんから、「ずっと楽しく続けられている秘訣はなんですか？」と聞いていただきます。

それはマイペースを守ってきたからではないかと思うのです。自分にとって心地いいこと、心地よくないこと……。この本でも何度も言っていますが、私はそれをとことんわかっているので、毎秒、自分の気持ちが一番乗るものを選びとって生きています。それこそが私が活動を続けてこられた秘訣だと思っています。

この本の執筆中、ブログに“外向きのエネルギー”“内向きのエネルギー”について書きました。
外向きのエネルギーとは、人に会って話したり、外に出かけたりするときに使うエネルギーのこと。一方、内向きのエネルギーは、自分とゆったり向き合ったり、家の中で静かに過ごしたりするときに使うエネルギーです。

私は日常の多くで“内向きのエネルギー”を使っています。基本的には家でぐうたら。その間にちょっと仕事をして、またテレビを観て……というようなまったりした生活を送っています。それが私にとってはすごく心地いいんです。

5

本を書く仕事も自分に合っているなと思います。ほとんど対パソコンで、誰とも話さず、誰かからのアクションもないまま没頭する。ただただ自分の中にあるものを見つめ、ひたすら文章にしていく……そんな作業が気に入っています。

最近流行っているクラブハウスに参加したときも、改めて自分の内向きな性質を実感しました。
クラブハウスはリアルタイムで人が話しているので、その部屋に入ると、まるで誰かと会っているかのような、外向きのエネルギーが渦巻いています。
なので、私が引きこもりのような生活をしている“内向きのエネルギー”のときには、クラブハウスを聴く気分にはなれませんでした。ただひたすら、自分のペースで仕事をしたり、ドラマを観たり……そんなふうに過ごしていたいな、という気持ちが勝ってしまって。改めて私は、本当に引きこもり体質だなと感じました。

こんな私とは反対に、内向きのエネルギーではモチベーションが下がってしまうという方もいますよね。私の友人でも、1日家にいるなんて考えられないという方がいます。私は、予定がないのに外に出るなんて、できればしたくないです

(笑)。
これは決して、**どちらがいい悪いという話ではありません。どのバランスが自分には心地いいのかを見極めることが大事**なのです。

私のように、本当は内向きエネルギー多めが心地いいのに、外向きエネルギーを出していることこそが“がんばっていること”“褒められること”だと思い、自分を追い込んでしまっている方は多いかと思います。
でも、自分に合っていないエネルギーを無理やり出そうと奮闘するのは、やっぱり楽しくないし、自分らしくいられない。
自分が気分よくいられるエネルギーの出し方を見極めていることこそがマイペースを保つことにつながります。

これは本当に人それぞれ違うので、ぜひ、自分に都度問いかけながら、ぴったりのバランスを探していってください。

また、一度、私はこれ！ と思っても時間が経つと変わることももちろんあります。
人生は“ちょうどいい探しの旅”のようなもの。だから自分の“ちょうどいい”を常に確かめながら進んでいきましょう。

Yoshimi's QUOTATION

6

「しょうがない」と
あきらめる心も
持っておく。

STEP 5でお話しした“言葉の扱い方”に限らず、一生懸命努力しても、すべて完璧にするのは難しいもの。「あんなこと、なんで言ってしまったんだろう」「こう言えばよかったー」と後悔することはありますよね。
私も、どんなに気を配っていても「間違えた……」と落ち込むことはもちろんあります。昔はそんな失敗を何日も引きずっていました。振り返ってもどうしようもないことを「あぁ、あの人はどう思ったんだろう」「なんで、こうやって言わなかったんだろう」とぐるぐる……。
でも、そんなことを繰り返しても自分を痛めつけるだけだなと気づいてから、すっきりと割り切れるようになっていったのです。もちろん反省を次に生かす努力はしますが、いつまでも悩むのではなく、**「あのとき、私は自分の最善を尽くした。だったら、もうしょうがない！　私、よくやった！！」と思うことにしたのです。**

必要以上に自分を責めず、**「しょうがない」とあきらめて、次に気持ちを持っていく。**失敗してしまった自分を許し、改善点を次に生かしていく。こういう姿勢はとても大事だなと感じます。「しょうがない」の精神で肩の力を抜いて、ゆるく、リラックスしていきましょう。

Yoshimi's
QUOTATION

7

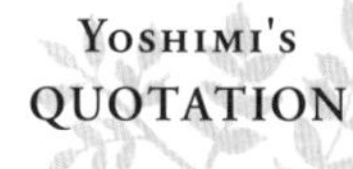

ネガティブな感情も
「わかるわかる」って
認めてあげる。

日々生きていると、いつも幸せでばかりはいられないですよね。ネガティブな感情に、心が支配されてしまうこともあるでしょう。
そういう感情には、どうやって向き合っていったらいいのでしょうか。

先日、起業している女性と話していたとき、「私、とにかく早く結果を出したくて、どうしたらそれができるかを必死で考えています。でも、成功するためのわかりやすい答えなんてないから、すごく焦っているんです。目の前のできそうなことを片っ端からやって、自分の成功法則を見つけ出そうともがいている感じで……」と、おっしゃっていたんですね。

そんな焦りを隠せない彼女に対して、私が「わかるーー!! そう思うときあるよね！　焦るとき、ある、ある!!」と答えたところ、とても感動してくれました。

彼女が感激してくれたのは、自分の焦りや不安、もどかしさといった感情を、私が全部受け入れ、肯定したから。
自分では「こんな感情持っていたらダメだよね」と思うものを認められたことで、ほっとしたのでしょう。**ネガティブな**

7

感情を肯定してもらえると、たちまち安心感が湧いてくるんですよね。

これはもちろん、セルフでも効果的です。なんだかマイナスな気持ちが浮かんできたなと思ったときは、そんなこと考えちゃダメ、もっとポジティブにならなきゃ！　とその思考をすぐに矯正（きょうせい）しようとするのではなく、一旦、「今はそういう気持ちなんだね」と全部自分で受け入れ、認める。「わかるよ、そうなるときあるよね」と自分の気持ちに寄り添ってあげるのです。そのうえで、「それじゃあ私はどうしたいんだっけ？」と、自分の本音を細かく確認していきましょう。

ネガティブな気持ちは、否定したところで消えるものではありません。
だからこそ、ちゃんと認めて味わってあげてください。**私もどうしてもプラスに考えられないときもありますが、そういうときは、「こういう感情も生きている証なんだよね」と、とことん噛みしめる**ようにしています。そして味わいつくしてから、本当に抱きたい感情の方へと、意識をフォーカスさせていきます。
自分の人生のすべて、味わっている感情のすべてが“財産”。

辛い経験すらも、焦りや不安でいっぱいの毎日すらも、振り返ったとき、かけがえのない宝物になるのです。
ネガティブな気持ちを見ないようにしたり、「ダメな感情！」と否定して無理やりポジティブに変えようとしたりしても、またぶり返してしまいます。それよりも一旦認めて「どうしたい？」と自分を癒やし、そのネガティブな気持ちをじわーっと溶かしていくイメージです。

だから自分の気持ちにフタをしない。自分に我慢をしない。
そして、とことん甘く♡ 優しく♡

さあ、あったかい飲みものでも淹れて、大事な私を癒やしてあげよう。

Yoshimi's
QUOTATION

8

軽やかに損できる人は、
自分の人生を
信頼している人。

私の友人の一人に、誰にでも優しくて本当に素敵な方がいます。その方は、例えば割り勘をするときに、端数分、多く払ったり、相乗りするときに車を出してくれたり、駐車料金も払ってくれたり……と、軽やかに損ができる方。
近くで見ていて「損ばかりしていないかな」と心配になっていたのですが、その方は別のところからお金をもらったり、仕事が舞い込んできたり……そんなふうに、損するどころか“大きな得”をたくさんしていたのです！

それを知ったときに思いました。
彼女が**軽やかに損できるのは、本当の意味で自分が豊かだとちゃんとわかっているからなのだと。「必要なときに必要なものが自分には用意されるから大丈夫」と自分の人生を信頼しているからこそ、あんなにも自然に人に与えることができる**のだと。

そして、たくさんの人に与えることができるから、人から愛されるし、仕事も人脈も広がっていって豊かさがどんどん舞い込んでくる……。これこそが豊かさの循環！　と、私はとても納得したのです。

8

「損したくない！」という思いの裏側にあるのは、「自分の持っているものには限りがあるから、渡したくない」という気持ちですよね。だからもし、それが海のように限りないものだとしたら、人に分けることは苦じゃないし、むしろ、進んでそうしたくなりますよね。

軽やかに損できる、人に惜しみなく与えることができる。これは、自分には無限の豊かさがあると信じているということ。「必要なときに必要なものがちゃんと入ってくるから大丈夫」と自分の人生を信頼しているからこそできることなのです。

「損したー！」と悔しくなったり、モヤッとしたりする気持ちもわかります。でもそんなときこそ、自分の豊かさを再確認するチャンス。
「私には無限大の可能性があるんだった♡」
「私にはベストなタイミングで必要なものが手に入るんだった♡」と自分を安心させて、気持ちを切り替えてみてください。

私も経験上、「損したくない」という気持ちが根底にあったり、

焦っていたり、躍起（やっき）になっていたり……、そういうときに掲げていた理想は、スルスルとは叶いませんでした。
自分には無限の豊かさがあるから大丈夫♡ と心から安心して、満たされて、損することもいとわなくなってから、人生のステージが上がっていったのです。

軽やかに損して、軽やかに与えられるのは、自分を信じていることの証。「損するのはイヤ」と頑（かたく）なになってしまっている人は、ちゃんと自分の人生を信頼できているかな？ と一度、自分自身に聞いてみてください。

ゆったり自分を信じながら準備していれば、お金だけでなく、仕事も、チャンスも、そして愛する人も……抜群のタイミングでベストなものがあなたの前に現れます。

あなたには必要なときに必要なものが用意されるから、大丈夫！

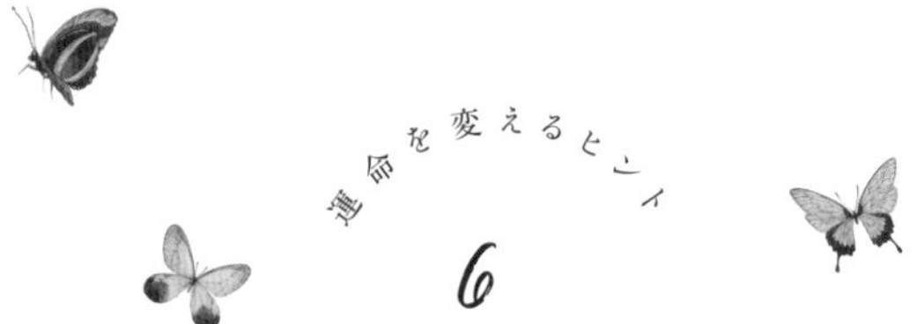

とっておきのモーニングルーティンで素敵な一日をスタートさせよう

“心地よく朝を過ごす”というのも、私の決め事のひとつ。起きたらまず部屋の窓を開け、新鮮な空気を取り入れます。そのあとは白湯を飲みながら、まったりと「今日は何をしようかな？」とうきうき考えます。時間があるときは仕事のメールチェックのほか、ノートタイムを設けて頭の中を整理したり、これから叶えたいことを考えたり。気持ちのいい朝時間を過ごすと、その日は一日、素敵なものになる気がします。気分を上げてくれる、自分だけのルーティンを決めてみてくださいね。

朝が苦手な私。「早起きしなきゃ！」ではなく、自分が目覚めた時間を“自分の朝”として、罪悪感を持たず、爽やかに過ごすことを心がけています。

STEP 7

壁を超える力を持ち合わせる

Yoshimi's
QUOTATION

I

立ちはだかる壁は、
思い込みを
変えるだけで
軽やかに超えられる。

STEP 7
壁を超える力を持ち合わせる

壁の乗り超え方。これは本当に、あらゆる方からご質問いただく内容です。

「こうなりたい！」という夢や憧れはあるのに、なかなか手が届かず、壁を感じてしまうことは誰にだってあるでしょう。私も好きなことをして生きられるようになるまで、そんな壁に幾度となくぶち当たってきました。

壁を感じたら、まずはそれがどんなものなのかを見極めることが大切。**一言で“壁”といっても、その内容はさまざま**なのです。私もいろいろな人の話を深く聞いていると、人によって、どんな壁に苦しんでいるかが大きく違うのだな、と感じます。

壁の種類は、大きく分けて次の３つに分けられると思います。

［1］自分が何をしたらいいのかわからない！という壁。

今の自分が理想の自分ではないことだけはわかっているけれど、どうなりたいのかも、そのために何をしたらよいのかもわからない、曖昧（あいまい）な状況のときに感じるもの。新しい世界に一歩踏み出す前の段階で現れる壁です。

［2］夢を邪魔されているように感じる壁。

夢や理想が見つかり、それに向かって進んでいるとき、妨害されているように感じるもの。例えば、家族からの反対にあったり、環境的に難しかったり、十分なお金や時間がなかったりということが挙げられます。夢に向かって進み始めたときに現れることが多い壁だと思います。

[3] 思うような結果が得られないという壁。
やりたいことも明確で、かつ行動に移すという段階もクリアして踏み出したけれど、なかなか思い描いた通りの成果が得られないときに感じる壁。努力したのに報われないと感じたり、「やっぱり自分には無理なのかな」と弱気になってしまったり。実際に動いてエネルギーも出した分、うまくいかなくてガッカリする気持ちも大きいでしょう。

こんなふうに、動き出す前、動き出したとき、そして実際に動いたときのそれぞれで壁は出現するかと思います。
みなさんの前に今立ちはだかっている壁は、どれに当てはまるでしょうか？ これからひとつひとつ、見ていきましょう。

まずは [1] の、自分が何をしたらいいのかわからない！という壁。これは、自分の理想像がほとんどわかっていないか、あるいはぼんやりとしていて、自分の起こすべき行動がわからないまま立ち尽くしているような状況です。
そんなときはイメージの中で、**壁の向こう側に"理想"という名の目印を置いてみて**ください。「こんなふうになれたら嬉しいな♡」という気軽さでいいので、まずは置いてみることが大切です！
そして理想を設定したあとは、毎日丁寧に自分の気持ちに向き合っていきましょう。"理想設定×自分の本音を探る"。この相乗効果で、**理想という名の目印はどんどん色濃くなり、精査されていき、やがてはピンポイントの"的"になっていきます。**
だからまずは、気軽な気持ちで「チョン♡」と壁の向こうに目印を置くことから始めましょう。それから少しずつ、やりたいことを見極めていけばいいのです。

次に、[2] 夢を邪魔されているように感じる壁について。
夢は明確になっていても、それを妨害されているように感じる。そんな状況は自信を失いやすいですよね。
私が夢を語ったとき、周りからは「そんなのうまくいくはずないよ」という言葉を散々かけられましたし、お金も時間も、成功できる！という勝算もありませんでした。
それでも私は立ち止まりませんでした。「誰に何を言われても好きなことを仕事にしたい！」というのが揺るがない思いだったので、そのときの自分にできることを、ひとつずつ地道にやっていくことにしたのです。そしてやがて、憧れていた世界で生きることができるようになりました。

夢がなかなか叶わず、厳しい現実が目の前に立ちはだかったとき、心が折れるのは自然なこと。でもそこで負けてしまうのではなく、**「どうしたらもっと前に進めるかな？」と、1歩でも、半歩でも、いえ0.1歩でも、今より少しでも前に進むために“今、できること”を考えてみてください。**すると立ちはだかっていたものは、壁からハードルへと姿を変えます。そう、**私たちが壁だと思っていたのは、実はハードルのようなもの。**ちょっとやり方を変えて「エイっ」とジャンプしてみたら飛び越えられることもあるし、下からくぐり抜けることだってできるかもしれない。だからとにかく、歩みを止めないことが大事なのです。小さな小さな一歩でいいから、憧れの世界へと歩みを進めていきましょう。

最後に、[3] 思うような結果が得られないという壁について。この章を書くにあたり、周りの人に「どんなものを壁だと感じる？」と聞いてみたところ、この「思うように結果が出せないこと」という声が一番多く挙がりました。絶対叶えたい！

という思いで臨んだことが思い通りの結果にならなかったときは、一際壁の高さを感じますし、弱気になってしまいますよね。でも**願いが叶っていない“今”は単なる通過点。“結果”ではなくただの“過程”なのです。だから、焦る必要はありません。**なかなかゴールに辿り着けないのはもどかしいことだけれど、「タイミングじゃなかっただけ」ということは世の中にたくさんあります。だからもっと自分の人生を信頼し、**「完璧なタイミングで理想は叶うから大丈夫」**とつぶやいて、そのときをワクワクと待ちましょう！

ここで、私のおすすめの壁の乗り越え方を教えます。立ちはだかる壁を頭の中でイメージしたら、その壁をパタパタと折り曲げてください。そう、壁を一瞬にして階段にしてしまうのです！　そうしたらあとは、自分を信じて軽やかにその階段を駆け上がっていくだけ。そう、[2] と同じように、今できることに集中するのです。

こうして見てみると、**すべての壁は、自分の思い込みが作った幻想だといえます。**それは壁ではなく、ハードルや階段と捉えることができるのです。

一歩一歩、今目の前にあるできることをやっていくことが、ちゃんとあなたを理想の世界へと連れて行ってくれます。大丈夫、あなたの人生のタイミングは完璧だから。

Yoshimi's
QUOTATION

2

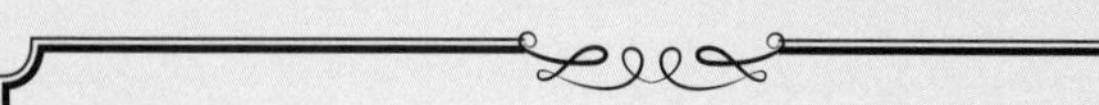

うまくいかないことは、
“うまくいかなくていい”
こと。

絶対に叶えたい夢や願い。もちろんうまくいけば嬉しいけれど、**うまくいかないことにも意味がある**と思っています。
私も、「全然叶わないーー！」と焦ってこねくり回して、「なんで思うようにいかないの」って苦しんだ経験は数え切れないほどあったけれど、「結局、あのときうまくいかなくてよかったんだな」と思うことがたくさんあるのです。

振り返ってみると、夢はいつでも、一番いい形、一番いいタイミングでちゃんと叶ってきた。
うまくいかないこと、思うように進まないこと。それは、今はタイミングじゃないか、自分にとって叶わなくていいことなんだと思います。

「この人じゃなきゃ絶対にダメ」と執着していた恋。
あのときは寝ても覚めてもその人のことばかりで、苦しくて辛かったけれど、あの恋がうまくいかなかったからこそ、今のパートナーと出会えていい関係を築けている。

「絶対に本を出したい！」という長年の願い。
何年も出したいと思い続けて、その思いはこじれにこじれ「もう、私には出せないんじゃないか」「やっぱりこんな夢みたいなことが現実になるわけない」と何度もあきらめそうになりました。企画書を送っても一向に返信がなかったり、返事をいただいても「自費出版なら」というものだったりで、もうこうなったら無理やりにでも出すべきか……と思ったことも。そんなとき、**“今できること”を全部やって心が満たされたら、一番いいタイミング、一番いい形で出版することができた。**あのとき「なんとしてでも！」と出版していたら、今のような何冊も本を出しているという現実は手に入らなかったと思います。

こんなトライアンドエラーを繰り返して、私が導き出した“夢を叶える方法”はこれです。

[1]

まずは動いてみて、反応を見る。

（ものにもよりますが、私の場合はだいたい半年くらい）

[2]

うまくいく場合→そのままゴー。

うまくいかない場合→様子を見て一旦休憩。そして今できることに集中。

[3]

うまくいかないものは様子を見つつ、まだ気になるようであればもう一度動いてみる。[2] の段階で「もうこれは、私の叶えたいことじゃないな」と確信できるものもあるので、そう思ったら潔く手放しましょう。

「なんとかしてやるーーー」と必死になることで無理やり実現させられる夢も、もちろんあるにはあるでしょう。でもやっぱり自然に反することをしていても、自分の魂が喜ばないのです。私も先に書いた過去の恋愛相手と、何度もやり直そうとして関係をつなぎとめながらも、ずっと苦しい想いを抱えていました。

うまくいっていないのに、心地よくないのに、「なんとしてでもこの人との関係をうまくいかせなきゃ！」と躍起になるのは、自分にとってすごく優しくない行動。自分が一番しっくりくる心地いい選択肢が他にもあることを、冷静さを失う中で、忘れてはいけないと思うのです。

うまくいくことはスルスルとうまくいく。

うまくいく人とは転がるようにうまくいく。

思い通りにいかなくて焦るときは、そんな言葉を唱えるようにしています。「これはもしかしたら違うのかな？」と冷静な視点も取り入れながら現実を見ていけるように。

自分の人生を信じて、流れを信じて、心地いい道を行こう。

Yoshimi's
QUOTATION

3

「できなかった」よりも
「できた！」を数える。

STEP 7
壁を超える力を持ち合わせる

ダメだったところは反省をする。これは、昔から私たちが言われてきたことですよね。
「これもできなかった」「あれもできなかった」、こうやって思うクセが、私たちには染みついています。

私も、転職活動で面接に落ち続けたり、司会の仕事で失敗を繰り返したりしていたときは、自分にダメ出しばかりして「なんで私はこんなこともできないの？」と考え込んでしまうことがありました。

でも、自分の好きなことを仕事にするようになってから、「これもできた！」「あれもやれた！」って、“できたこと”を数えることが、圧倒的に多くなっていったんです。
そんなふうに、**自分を責めるのではなく認められるようになると、肩の力が抜けてどんどん自分のことが愛おしくなり、人生が楽しいものになっていきました。**

フォーカスするところを「できなかった」から「できた！」へ変えていくだけで、人生はよい方向にシフトしていく。そして高く見えていた壁も、いつの間にか突破できるようになるのです。

Yoshimi's
QUOTATION

4

完璧じゃなくて
よかった。
大好きな人たちと
“得意”を持ち寄って
仕事ができるから。

「できた！」を数えるようになってからというもの、物事がどんどんうまくいくようになり、みるみる人生が楽しくなっていった私。
もちろん「できない！」ということはたくさんありました。でもその「できない」で自分を責めることがなくなったのです。私にとって**できないことは、「なんで私はこんなにダメなの？」と自分を責めるためのものではなくて、「これが私の“苦手”なんだな」というふうに、自分を知るための単なるサイン**になっていったのです。

だからできないことが見つかっても、嘆(なげ)く必要は全くありません。それをどうやって手放していくか、やらずに済ませる方法はあるか、もしくは少しでも楽しくやれるか……それを考えるきっかけができただけなのだから。
私はそうやって「できない！」をどんどん手放していった結果、逆に、それを「できる！」という方が周りに集まってくれるようになり、今、多くの仲間と楽しく仕事ができています。
私が完璧じゃなくてよかった。だからこそ、こうやって大好きな人たちと幸せに楽しく仕事ができているから。
さあ、「できない」を喜ぼう。それは本当の私を知るサイン。そして大好きな仲間と出会えるというシグナルです。

Yoshimi's QUOTATION

5

不安なこと、
辛いことは、
自分だけに起こっている
わけじゃない。

あの人はいつもご機嫌でいいな、いろんなことがうまくいっていて、イヤなことなんて、ほとんど起こらないんだろうな……。
日常生活でも、SNSでも、そういうふうに見える人っていますよね。自分とは次元が違うのかななどと考えて、落ち込んでしまうこともあるかもしれません。
でも、**どんな人にも、辛いことややるせないこと、不安なこと、焦ってしまうことは起きています。**

では、同じように辛いことやイヤなことが起きても、なぜうまくいっているように見えるのでしょう。
それは、物事の捉え方、気持ちを持ち直す力の違いだと私は考えています。
たとえ同じ現実に直面していたとしても、うまくいっているように見える人とそうでない人とでは、その見方が違うんです。

例えば、ここ最近のように世界的に深刻な問題が起き、以前のように気軽に海外に行ったり人に会ったりできなくなってしまったとき。大変な状況であることに変わりはないのですが、そういうときだからこそできることを見つけようとするのが、人生がうまくいく人の考え方です。

5

私の周りの人たちは、こういう局面だからこそ気づけたことや学べたことなどをたくさんシェアしてくれました。例えば、「一人で過ごす時間が増えたからこそ、自分と向き合うことがたくさんできて気持ちが穏やかになった」というように、身動きのとれない日々の中でも、よかったこと、ためになったこと、これから生かせそうなことのほうに目を向けている。

また、日々の経験の中で「これは無駄な経験だったかな」と思うようなことってありますよね。でも、**うまくいっている人たちは、一見、無駄に思えることの中にも何かしら学べることを見つけていきます。**“われ以外みなわが師”といいますが、例えば何かの講座に出て「知っていることばかりだったな」と思ったとしても、その講座の組み立て方、講師の人の話し方、運営方法など、学べることはたくさんあったはずです。

すべてが「うーん」とイマイチだった場合でも、なぜイマイチだと感じたのかを突きとめることがすでに学びだと思うのです。話の内容に新鮮さが足りなかったのか、それとも会場の雰囲気が合わなかったのか……そういったことを振り返って自分に置き換え、「自分がやるときは、そこに気をつけていこう」という気持ちですべてを学びに変えていける人は、本当に軽やかに人生を進めている人だなと思います。
そういう過ごし方をしていると文句や愚痴が格段に減りますし、人生に“無駄”というものがなくなっていきます。

「最悪……」と思わず感じてしまうような出来事が起きてしまったときも、普通の人はそのまま「もうやってられない。○○のせいで……」などと考えてしまいますが、望み通りの人生を送っている人は、「これは、こういう理由でこんなことになったんだろうな」とまず分析をします。その上で「私はこのあとどうしたい？ どうしたらよくなるだろう？ 人にも相談してみよう！」と切り替えて、颯爽（さっそう）と次の一歩を踏み出すのです。

もちろん、落ち込むことは誰にだってあると思います。無気力なまま1日何もせず過ごすことだってときにはあるでしょう。でも、強い芯を持つ人は、落ち込んだままでは終わらない。たっぷり充電ができたら自分の内面を冷静に見つめ、次はどうしたらいいのか考えて立ち上がる。**うまくいっている人はそういう切り替え力に長けている**なと思います。

もちろん**人間ですから、ネガティブな感情はあってあたりま**

え。そういう感情も味わうために生まれてきたのだから、私はそんな気持ちも否定せず、味わいつくすようにしています。でも、いつまでも負の感情に飲み込まれ、翻弄（ほんろう）されたままでは、いつしか“本当の自分”を見失ってしまう。限られた人生ですから、どうせなら溌剌（はつらつ）としながら、自分が本当に幸せを感じること、やっていて心から楽しいことに時間を使いたいですよね。

だからこそ、自分を持ち直す力が大事。ネガティブな感情にとことん寄り添ったあとは、次のステップに進んでいく。そんなときに**“自分なりの気分を立て直す方法”を知っている人は、やっぱり強い**のです。

このあと紹介する“気持ち持ち直しワード”も、小さな焦りや不安を感じたときに効果的なので、ぜひ使っていただけたら嬉しいです。
自分を“持ち直す力”で、目の前の現実は驚くほど変わっていきます。可愛くて、強い私たち。さあ、恐れることなく壁を超えていきましょう。

辛いことがあっても大丈夫！

気持ち持ち直しワード

人と違うことを
嘆くんじゃなくて、
喜ぼう♡

私なら大丈夫、
やっぱり大丈夫。

失敗は大事な
データであり、
人生の宝物♡

ま、いっか。

Yoshimi's
QUOTATION

6

“私”にとって
一番いいようになるから
大丈夫。

個人的な話なのですが、私は今、パートナーと家を建てるための準備をしています。でも、お互いの希望するエリア、大きさ、予算がぴったり合うところがなく、難航中です。私自身が「これいいかも！」と思うところはいくつか出てきたのですが、彼との意見が合わず、結局見送りに。ちょっと躍起になりながら不動産会社さんに連絡をして希望を伝えたものの、「条件に合う物件をメールで送りますね」と言ってもらったまま、音信不通になってしまったり……。こんな状況になると、もう、イライラと焦りが止まらなくなります。でも、そんなときに思い出したのは、いつも自分が本に書いているこの言葉。

「私にとって、一番いいようになるから大丈夫」。

その言葉を心の中で唱えたら「そうだった、そうだった。一番いいようになるんだった！ 焦らなくていいんだ」と、一気に心が落ち着きました。

これまでも、**落ち込んだり、もがいたりしたことはたくさんあったけれど、結局全部、私にとってベストな方向へと道はつながっていたのです。**

みなさんも憧れや理想が遠く感じて悲しくなるときは、ぜひこの言葉を唱えてみてください。

あなたにとって一番いいようになるから、絶対に大丈夫♡

自分ともっと仲よしになる

“未来会議”ノート

"Future Conference" Note

“憧れの世界”を自分のものにするためには、
自分のことをもっとよく知って、自分にとっての
“しっくり”は何かを明確にすることが大切です。
自分の“好き”“したいこと”“理想”……、
ひとつひとつノートに書き出して、最高の未来を私のものにしよう♡

1 毎日をどんな気分で過ごしたい?

2 何をしているときが、一番楽しい?

3 何をしているときが、心が落ち着く?

4 何を考えている時間が好き?

5 何を見ていると、心が躍る?

6 どんな声をかけてもらえたら嬉しい？

7 どんな自分でいたいなと思う？

8 嫌いなこと、やりたくないことは何？

9

8を見て、それがどうなったら、
気持ちが軽くなると思う?

10

今、我慢していることは何?

「　　　　　　　　　　」しちゃいけない
「　　　　　　　　　　」〃
「　　　　　　　　　　」〃
「　　　　　　　　　　」〃

11

10の「しちゃいけない」ことを
「していいよ!」に変えてみよう。

「　　　　　　　　　　」していいよ!
「　　　　　　　　　　」〃
「　　　　　　　　　　」〃

12

1～11を見て
“私が本当に好きなもの”を書いてみよう!

13

1～11を見て
“私が本当にしたいこと”を書いてみよう!

14

新月の日に、
願いごとを10個、書いてみよう!

おわりに

最後までお読みいただきありがとうございました。
“普通の自分”から卒業し、“特別な自分”として憧れの世界を手に入れる。そのために大切なことは、ありのままの自分を認め、許し、そして愛しながら、目の前のことを楽しんでやっていくこと。1冊を通じ、そのことをお伝えしてきました。

“普通の自分”から“特別な自分”に変わるのではなく、自分は“特別な存在”なのだとただ気づくこと。
それが“特別な自分になる”ということであり、“本当の自分に戻る”ということなのです。
私も昔は、すごい夢を叶えていたり、人から羨ましがられるような人生を生きていたりする人は、もともと才能のある、選ばれた人だけなのだと思っていました。

普通すぎる自分にたくさん嫌気も差したし、願いをあきらめそうにもなったことも、一度や二度ではありません。
でも、たくさんの夢を叶えた今、自分が“普通”だったことが、本当に誇りだし、愛おしいです。普通の私だからこそ、伝えられることがある。普通の私が言うからこそ、より深く響く言葉がある。心からそう思うのです。

自分自身を本当に許し、認め、“私”を生きることを心から楽しめるようになったとき、あなたはきっと、あれほど恋い焦がれていた“憧れの世界”を自分のものにできるはずです。

そしてまた、そんなあなたの人生が、誰かの新たな選択肢となるはずです。
ごくごく普通だった私が「あなたのような人生を生きたい」と言われるようになったように。

自分を楽しむことで、人は本当の意味で輝き出し、誰かの光になれる。

さあ、次はあなたが輝く番です。用意はいいですか？
心から、あなたの人生を楽しんでください。

あなたこそ、特別。

宮本　佳実

あなたこそ
特別♡

自分の人生を
もっともっと信頼しよう。

Yoshimi Miyamoto

宮本佳実

ワークライフスタイリスト、作家。1981年、愛知県生まれ。高校卒業後、アパレル販売員、一般企業での人事・受付、司会者を経験。28歳で起業を決心し、パーソナルスタイリストとなる。名古屋で主宰する「女性のためのスタイリングサロン ビューティリア」は全国から顧客が来店するサロンに成長。その経験から「好きなこと起業」の楽しさを多くの人に伝えたいと考え、コンサルティング活動を開始する。現在はサロンを組織化し、自身はワークライフスタイリストとして「可愛いままで起業できる!」をコンセプトに精力的に活動。書籍やSNS、セミナー、サロンなどを通じ、多くの女性たちに「本当に好きなことをしてお金を稼ぐ方法」や「人生を変えるためのマインド」を伝える。ベストセラーとなったデビュー作『可愛いままで年収1000万円』(WAVE出版)ほか、『大丈夫、あなたは「好き」を仕事にできるから』(大和書房)、『誰でもゼロから稼げちゃう おうちCEOで「私」史上最高の働き方』(WAVE出版)など著書多数。

OFFICIAL WEB SITE : http://yoshimimiyamoto.com/

Instagram : @ yoshimi_miyamoto722

Staff

編集　櫻田浩子

デザイン　近藤みどり

DTP　小堀由美子(アトリエゼロ)

撮影　原田真理

「憧れの世界」を自分のものにする7ステップ

2021年7月1日　第1刷発行

著　者　宮本佳実

発行者　吉田芳史

印刷所　株式会社 暁印刷

製本所　大口製本印刷株式会社

発行所　株式会社 日本文芸社

〒135-0001　東京都江東区毛利2-10-18　OCMビル

TEL　03-5638-1660(代表)

printed in Japan

112210609-112210609 Ⓝ 01 (290048)

ISBN978-4-537-21899-2

(編集担当:藤井)

内容に関するお問い合わせは、小社ウェブサイトお問い合わせフォームまでお願いいたします。

https://www.nihonbungeisha.co.jp/